Astrid Poensgen-Heinrich

Spargelzeit!

Astrid Poensgen-Heinrich

Spargelzeit!

Inhalt

Wahrhaft königlich

Frühling, die Erde öffnet sich, alles grünt und sprießt und wir möchten 100 Nasen haben, um all die wunderbaren Düfte riechen zu können. Für viele ist dies die schönste Jahreszeit ...
Und genau in diese Zeit fällt die Ernte und damit der Genuss von Spargel, kein Wunder, ist es doch das »Königsgemüse«, für das es nur recht und billig ist, »auf das Schönste« daherzukommen.

Also, genießen Sie mit allen Sinnen diese wunderbare Zeit, mit den Augen, der Nase und den Geschmacksnerven! Lassen Sie sich durch die Rezepte in diesem Buch anregen, aus den köstlichen Stangen nicht nur die bewährten Gerichte zu kochen, sondern einmal ganz außergewöhnliche und doch einfach herzustellende Kreationen zu schaffen und zu genießen.

Köstliche Sprossen

Bevor wir zu den Einkaufstipps und den Rezepten kommen, ist es vielleicht interessant, etwas über die Spargelpflanze zu erfahren – und das nicht nur für Botaniker.

Spargel bevorzugt leichte, sandige Böden; die Pflanze aus der Familie der Liliengewächse wird 30 bis 150 cm hoch und ist zweihäusig. Die männliche Pflanze ist meist gedrungener und dichter als die weibliche.

Aus dem holzigen, winterharten Wurzelstock treiben fingerdicke, weiße, saftige Sprossen aus der Erde. Die Sprossen entwickeln sich später zu 1,5 Metern hohen grünen Stängeln, deren Zweige mit Fiederblättchen besetzt sind (ähnlich dem als Beiwerk in Blumensträußen bekannten Asparagus).

Erst im dritten Anbaujahr bringen die Sprossen gelbe, trichterförmig hängende Blüten hervor. Aus den Blüten entstehen erbsengroße, ziegelrote, kugelige Beeren mit schwarzen Samen.

Die roten Früchte des Spargels werden gerne von diversen Vogelarten verzehrt. Sie können den Samen jedoch nicht verdauen und tragen somit zur Verbreitung der Pflanzen bei. Für Menschen (besonders für Kinder!) sind diese Früchte jedoch giftig.

Schon nach dem Genuss einiger weniger Beeren treten starke Bauchschmerzen mit Erbrechen auf.

Als eigentlichen Spargel bezeichnet man die weißlichen, grünlichen oder blassroten Sprossen, die sich im Frühjahr aus dem holzigen Wurzelstock entwickeln.

Zur Gattung des Asparagus gehören ungefähr 200 verschiedene Arten. Bei uns kommt nur der *Asparagus officinalis* zum Tragen, von den anderen Arten kennen wir einige als Schmuckpflanzen für den Garten.

Weiß, violett oder grün – kleine Farbenlehre:

Der weiße Spargel, auch Bleichspargel genannt, führt bei deutschen Verbrauchern die Hitliste an. Er hat noch kein Tageslicht gesehen und schmeckt am mildesten. Er wird in den typischen Erdwällen zum Wachsen gebracht und gestochen, noch bevor er richtig das Sonnenlicht zu sehen bekommt.

Der violette Spargel, der (noch) in Frankreich am meisten gegessen wird, wird erst gestochen, wenn die Spitzen etwa 3 cm aus dem angehäufelten Boden herausschauen. Er ist ausgeprägter und würziger im Geschmack als sein weißer Bruder. Mit Hilfe des Pflanzenfarbstoffs Anthocyan färbt das Sonnenlicht die Spitzen rosa-violett.

Grüner Spargel wird ohne Erdwälle angebaut. Er wird erst gestochen, wenn er etwa 15 cm aus der Erde herausgewachsen ist. So bildet sich in den Sprossen Chlorophyll, das dem Spargel die intensive grüne Farbe gibt. Grüner Spargel hat weniger vom typischen Spargelgeschmack, schmeckt ein bisschen wie frische grüne Erbsen und damit so ähnlich wie der wilde Spargel. Für den grünen Spargel werden andere Sorten angebaut, die Stangen sind wesentlich dünner. Daher muss nur der unterste Teil des grünen Spargels geschält werden.

Warum Spargel seinen Preis hat

Spargel ist ein relativ teures Gemüse. Dies liegt nicht nur daran, dass es nur wenige Wochen im Jahr angeboten wird, sondern vor allem an den Anbau- und Erntebedingungen.

Der *Asparagus officinalis* stellt hohe Ansprüche an die Bodenbeschaffenheit. Die Erde muss wasser- und luftdurchlässig sein, im Frühjahr die Möglichkeit einer guten Durchwärmung bieten und der Grundwasserspiegel sollte möglichst niedrig sein. Der Wurzelstock des Spargels benötigt Luft und Wärme, aber keine Feuchtigkeit, das heißt, der Grundwasserspiegel muss unter 1,20 Meter liegen. Nasse Böden ohne Abflussmöglichkeit (Drainage) sind nicht geeignet.

Sandige Böden und ein sonniger Standort sind für den Spargelanbau ideal. So kann sich der Boden im Frühjahr schnell erwärmen und die Stangen können gerade aus der Erde wachsen. Lehmige Böden sind zu schwer. Auch darf der Boden nicht zu viel Kies oder Steine enthalten.

Erst im dritten Jahr nach der Anpflanzung kann der Spargel gestochen werden. Der Spargelanbauer muss also seine Anbaufläche zur Verfügung stellen und investieren, hat aber erst im dritten Jahr einen Ertrag. Die Pflanzen können bis zu zehn Jahre beerntet werden, dann lassen Qualität und Ertrag deutlich nach. Hinzu kommt, dass Spargel nicht wieder in den gleichen Boden gepflanzt werden darf, auf dem vorher schon Spargel stand. Das würde Ertragseinbußen über viele Jahre bringen. Grund dafür soll ein Schimmelpilz *(Fusarium oxysporum)* bzw. dessen Sporen sein, der die Seitenwurzeln des Spargels befällt und so die ganze Pflanze schwächt.

Der zweite Grund, weshalb Spargel so teuer ist: Spargelstechen ist nach wie vor mühevolle Handarbeit. Zwei- bis dreimal am Tag müssen die Stangen in gebückter Haltung den Erdwällen entlockt werden, egal, ob die Sonne vom Himmel brennt oder nass-kaltes Aprilwetter herrscht. Nach der Ernte werden die Spargelstangen abgeschnitten, sortiert und müssen möglichst schnell verkauft werden.

Wenn die Spargelernte vorbei ist, pflügen einige Landwirte die Dämme glatt. Wenige Wochen nach der letzten Ernte wachsen bis zu 2 Meter hohe grüne Stauden, wo sich vorher der Spargel dem Licht entgegen reckte. Rund ums Jahr bedarf der Spargelacker der Pflege, das Unkraut darf nicht überhand nehmen, der Humusgehalt des Bodens muss gesichert sein.

Die Witterung zur Erntezeit ist ganz entscheidend für die Preisgestaltung. Denn so köstlich uns der Spargel mundet, so empfindlich ist das königliche Gewächs. Kühle und nasse Witterung kann den Spargelbauern die »Petersilie«, sprich den Spargel, verhageln und somit zur Teuerung führen. Denn auch wenn die Erträge um 20 oder 30 Prozent zurück gehen, die Lohnkosten bleiben nahezu gleich.

Zeigt sich das Frühjahr kalt und regnerisch, kann sich der Erntestart um mehrere Wochen verschieben. Da die Spargelsaison einheitlich am 24. Juni, dem Johannistag, beendet wird, ist eine Ertragseinbuße kaum noch aufzufangen. Denn dieses offizielle Ende kann nicht verschoben werden. Für die Pflanzen und damit für die kommende Saison, wäre dies ohnehin kein Gewinn. Denn die Spargelpflanzen brauchen genügend Zeit, um sich wieder zu regenerieren und neue Anlagen für die kommende Ernte zu entwickeln.

Aber auch längere Wärmeperioden ohne Niederschlag wirken negativ auf das Spargelangebot. Trockener, extrem harter Ackerboden bekommt dem Spargel schlecht, er kommt krumm aus dem Boden und taugt nur noch für die Handelsklasse zwei.

Was Großmutter noch wusste

Noch viel mehr über Anbau und Ernte des Spargel steht bereits in meinem über hundert Jahre alten Kochbuch:

»Spargel, franz. asperge, engl. asparagus, Asparagus officinalis. Eine der geschätztesten feinsten Gemüsepflanzen, welche ursprünglich aus Asien stammt und der Sage nach schon bei den alten Ägyptern, die bereits im Jahre 200 v. Chr. den Spargelbau betrieben, zu den Lieblingsspeisen gehörte, gegenwärtig jedoch fast überall gezogen wird und durch die Kultur außerordentlich vervollkommnet worden ist; übrigens gedeiht der wilde Spargel, der freilich sehr verschieden von dem kultivierten ist, in großer Menge in Italien, Südfrankreich, in Dalmatien, im Orient und an den Küsten von Großbritannien, namentlich in Cornwall und Lincolnshire; in Italien zieht man sogar die Sprossen des wilden Spargels dem veredelten angebauten vor. Letzterer wird in ganz besonderer Vollkommenheit in Holland, Belgien und mehreren Gegenden Deutschlands, z. B. Braunschweig, Ulm, Mainz, Erfurt, Schwetzingen in Baden, Darmstadt usw. gezogen; auch in Böhmen und Niederösterreich wird viel vortrefflicher Spargel angebaut, ebenso sind Gent und Brüssel als belgische, Argenteuil, Besancon und Marchiennes als französische Spargelorte berühmt. Die Pflanze selbst ist perennierend, ihre Wurzel dauert etwa 20 Jahre aus und treibt alljährlich im Frühling neue Sprossen oder Stengel, die man sofort, wenn sie ein wenig aus der Erde hervorragen, einige Centimeter tief unter der Erde schräg abzuschneiden pflegt, bevor sie dazu gelangen, ihre Blätter zu entfalten. Läßt man sie zur Samengewinnung wachsen, so entstehen daraus buschige hohe Pflanzen, mit feingefiederten, ganz schmalen Blättern und gelblichen Blüten ohne Kelch, die einzeln auf fadenförmigen Stielen sitzen und sich im Herbst an-

fänglich zu grünen, später scharlachroten Beeren mit zwei bis drei schwarzen Samenkörnern entwickeln. Man hat grünköpfigen, weißen und violetten oder roten Spargel; der grüne Spargel wird vorzugsweise in Süddeutschland, besonders in Ulm und rundherum angebaut, er schmeckt etwas stark, ist aber sehr zart und kann lange gestochen werden, weil er beim Kochen bis unten weich wird; auch hat er den Vorteil, früher zu treiben und weniger empfindlich in Bezug auf Wärme und Boden zu sein, als die übrigen Sorten. Der weiße, in ganz Norddeutschland angebaute Spargel mit ganz weißen, an der Spitze blaßgrünlichen Sprossen ist zart und schmackhaft, kann aber nicht lange gestochen werden, ist sehr empfindlich gegen Witterungseinflüsse und verlangt ausgezeichneten Boden; der rote violette holländische Spargel schmeckt vortrefflich und bildet sehr starke und große Stangen, ist aber nur oben zart und muß daher lang über die Erde wachsen, um genießbar zu werden.

Der Spargelanbau ist ziemlich schwierig und die Anlage der Spargelbeete kostspielig, macht aber dafür auch viel Freude und wird im Verlauf der Zeit reichlich lohnend. Der Spargel gedeiht am besten in freier, sonniger, geschützter Lage und in mäßig feuchtem, lockerem, stark gedüngtem, warmem Boden, der mindestens 45 – 50 Centimeter tief von guter Beschaffenheit ist. Bei Anlegung von Spargelbeeten rajolt (graben/tief pflügen) man den Boden im Herbst 60 Centimeter tief, düngt ihn sehr gut (kalkhaltigen, sandigen Boden mit Kuhmist, schweren naßkalten Boden mit Pferdedünger), gräbt dann im Frühjahr 60– 90 Centimeter tiefe, 1 – 1½ Meter voneinander entfernte Löcher in das Beet, schlägt in die Mitte des Lochs einen Stock ein und legt zu jeder Seite desselben eine zwei- bis dreijährige Spargelpflanze (neuere Spargelzüchter empfehlen mehr die Anpflanzung von einjährigen Pflanzen), breitet die Wurzeln derselben gehörig aus, bedeckt sie 16 – 18 Centimeter hoch mit Dammerde, gießt sie mit Wasser an und streut dann noch 6 Centimeter hoch trockene lockere Erde darauf. Im Herbst füllt man die Löcher vollends mit Erde und bedeckt das ganze Beet mit Hühner- oder Taubenmist; im folgenden Frühjahr entfernt man den groben Mist und füllt das Beet mit einer 9 Centimeter hohen Schicht guter Erde auf, welches Verfahren man auch im nächsten Herbst und Frühjahr wiederholt; feuchter schwerer Boden muß überdies drainiert werden. Es ist vorteilhaft, zwischen zwei Spargelbeeten ein Beet frei zu lassen und mit anderen, nicht zu tief wurzelnden Pflanzen zu bebauen, wodurch sich die Spargelwurzeln mehr ausbreiten können, was viel zur Dauer der Anlage und zur Vergrößerung der Stengel beiträgt. Überdies ist die Anlage der Spargelbeete je nach Bodenbeschaffenheit sehr verschieden. Jedenfalls kann der Spargel erst im dritten Jahre nach Anlage der Beete mit Nutzen gestochen werden, denn beginnt man damit zu

zeitig, so bleiben die Spargelstöcke für immer zurück; ebenso darf man nach Mitte Juni keinen Spargel mehr stechen, damit die Sprossenaugen für das kommende Frühjahr nicht zerstört werden. Im ersten Jahre, wo man das Spargelstechen beginnt, sticht man von jedem Stock nur einige der schönsten und stärksten Stengel und hört schon Ende Mai damit auf, damit die Stöcke gehörig erstarken können. In den folgenden Jahren dagegen sticht man die meisten der stärkeren und mittelstarken Spargel und läßt die schwächeren wachsen. Man sticht ihn in sehr verschiedener Länge: in Deutschland liebt man den ganz weißen Spargel, der höchstens ein grünes oder rotes Köpfchen haben darf und sticht ihn daher, sobald er aus der Erde hervorschaut; in Frankreich läßt man ihn etwas höher werden, in England läßt man ihn 8 – 12 Centimeter aus der Erde wachsen, wodurch die Stengel bis unten zart und eßbar werden, aber etwas schärferen Geschmack erhalten. Am besten dürfte die französische Methode sein, die Stengel zu stechen, wenn sie etwa 3 Centimeter hoch aus der Erde hervorsprossen. Man hat verschiedenartige lange scharfe Messer hierzu, hält den Stengel beim Stechen stets mit der linken Hand fest und schneidet ihn mit der rechten Hand ein Stück unter der Erde schräg ab, nachdem man vorher die Erde ein wenig weggeräumt hat. Grüner Spargel wird jedoch flach unter der Erde abgeschnitten, da man denselben stets etwa 12 – 15 Centimeter hoch wachsen läßt. Je frischer der Spargel aus der Erde kommt, desto schmackhafter ist er. Man zieht bei der Zubereitung die äußere Schale mit einem feinen Messer vom Kopf

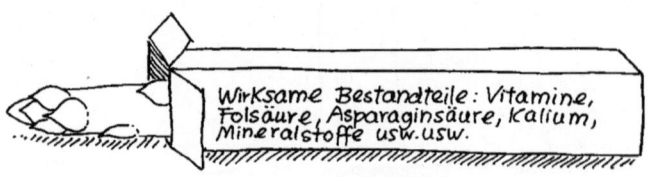

Wirksame Bestandteile: Vitamine, Folsäure, Asparaginsäure, Kalium, Mineralstoffe usw. usw.

nach unten zu dünn ab, schneidet von unten die etwas har-
ten, holzigen Stücke ab und kocht den Spargel entweder in
ganzen Stangen oder in Stücke geschnitten in siedendem Salz-
wasser weich, um ihn dann weiter nach Vorschrift als Gemü-
se, Salat oder zur Suppe zu verwenden.
Der Nahrungswert des Spargels ist nicht bedeutend, doch ge-
hört er zu den gesündesten, leicht verdaulichsten Gemüsen
und gilt als diätetisches Heilmittel gegen Gicht(!) und Wasser-
sucht; auch als Mittel gegen Herzleiden wurde er früher viel
von den Ärzten empfohlen.«

Nun haben Sie einiges von dem, was Großmutter noch wusste,
erfahren. Viel hat sich nicht geändert seitdem, zumindest, was
den aufwändigen und teuren Spargelanbau betrifft. Der letzte
Absatz jedoch bedarf des Widerspruchs: Die Inhaltsstoffe des
Spargels sind heute weitestgehend erforscht und durchaus als
sehr gesund zu betrachten. Wir wissen aber auch, dass Spargel
zu den purinreichen Gemüsen gehört, also für Menschen mit
Gicht und chronischen Nierenleiden mit Vorsicht zu genießen
ist – wenn denn überhaupt.

Unter der Schale

Ein Pfund Spargel hat nur 100 Kalorien und kein Gramm Fett, deckt zu einem großen Teil den Tagesbedarf an Folsäure (wichtig für die Blutbildung) und liefert Betakarotin (besonders reichlich im grünen Spargel enthalten), B-Vitamine sowie Vitamin C und E. Vitamin K, das Gewebe und Knochenstoffwechsel gesund hält und maßgeblich an der Blutgerinnung beteiligt ist, wird ebenfalls reichlich mitgeliefert. Weiterhin finden wir Mineralstoffe wie Kalium, Magnesium und Eisen sowie Spurenelemente, zum Beispiel Zink, Mangan und Kupfer. Hinzu kommen wertvolle sekundäre Pflanzenstoffe, von denen längst noch nicht alle erforscht sind. Sie geben dem Gemüse ihren charakteristischen Geruch und Geschmack und helfen gleichzeitig mit, den Körper gesund zu erhalten.

Spargel enthält Asparaginsäure, eine Aminosäure, die bei der Harnstoffbildung benötigt wird und so die Ausscheidung von Stoffwechselendprodukten unterstützt. Das reichlich enthaltene Kalium reguliert den Wasserhaushalt, die Ballaststoffe fördern die Darmtätigkeit und bei 94 Prozent Wassergehalt wird die Nierentätigkeit nach einer Spargelmahlzeit zusätzlich kräftig angeregt – also alles gerade recht, wenn wir im Frühjahr entgiften und entschlacken wollen.

Haben Sie sich auch schon einmal gefragt, warum Ihr Urin nach dem Spargelessen so absonderlich riecht? Der typische Geruch, den der Urin bei manchen Menschen nach dem Spargelessen hat, ist vermutlich auf bestimmte Aromastoffe des Spargels, die Schwefel enthalten, zurückzuführen. Asparaginsäure, die meist dafür verantwortlich gemacht wird, ist hingegen geruchlos.

Warum bei manchen Menschen der Urin nicht riecht? Man vermutet, dass ihnen die Enzyme fehlen, um diese schwefelhaltigen Verbindungen im Stoffwechsel zu verwerten.

Bei ganz bestimmten Erkrankungen ist jedoch der Verzehr von Spargel nicht angeraten: Menschen, die an Gicht leiden, sollten Spargel nur in geringen Mengen zu sich nehmen oder sogar besser meiden. Denn Spargel enthält Purine, die einen Gichtanfall auslösen können. Auch bei chronischen Nierenerkrankungen oder Steinleiden ist Vorsicht angeraten. Sicher schaden ein paar Stängelchen Spargel nicht. Aber in vielen Zeitschriften und Kochbüchern kursiert immer noch der Satz: Spargel entwässert, ist daher sehr gut bei Nierenerkrankungen, Gicht und Rheuma. Das ist schlichtweg falsch und kann große Probleme bei den entsprechenden Veranlagungen bringen.

Bei den Griechen galt Spargel eher als Arznei- denn als Genussmittel. Seine Heilkraft wurde eingesetzt bei Zahnschmerzen und zur Linderung von Bienenstichen! Die Römer, dem Genuss niemals abgeneigt, bauten dann schließlich den Spargel zum Verzehr an.

Heil- und Genussmittel
seit alters her

Wussten Sie, dass der Spargel schon von den alten Ägyptern so hoch geschätzt wurde, dass er sogar als Grabbeilage genutzt wurde? Auch die Griechen und Römer wussten die Vorzüge des Spargels zu schätzen!

Vor 2500 Jahren galt der wild wachsende Spargel, dessen Heimat in Vorderasien vermutet wird, bei den Römern und den Griechen als begehrte Delikatesse und als Heilpflanze.

Im 9. Jhd. n. Chr. züchteten die Mönche des Benediktiner-Klosters St. Gallen in der Schweiz Spargel zunächst für den medizinischen Bedarf, aber vermutlich auch als Gemüse.

Um 1300 verfasste *Peter de Crescentiis* ein Buch über Feld- und Gartenbau, in dem er sich auch über »Sparitzen« und ihre Anwendung zu medizinischen Zwecken äußerte.

Ab 1484 erfolgten ausführliche Beschreibungen des Spargels in Kräuterbüchern.

1539 klassifizierte der süddeutsche Pfarrer und Arzt *Hieronymus Bock* in seinem »Kreuterbuch« den Spargel.

1565 wurde der Spargelanbau in Deutschland erstmals urkundlich erwähnt. *Herzog Christoph von Württemberg* ließ um diese Zeit – wohl nach dem Vorbild der französischen Könige – in seinem Garten Spargel anpflanzen. In einem »Verzeichnis der Kräuter und Bäume im fürstlichen Lustgarten« aus dem Jahre 1565 wurde vom Spargel als einer »lieblichen Speisz für Leckermäuler« gesprochen.

1573 beauftragte der brandenburgische *Kurfürst Johann Georg* seinen Schlossgärtner *Corbinianus*, »einen neuen Lustgarten, daraus wir allerlei zu unserer Küchennothdurft haben mögen« anzulegen.

Und noch ein wenig Geschichtliches: Der französische Schriftsteller *B. Le Bovier Fontenelle* und der *Abbé Du Bos* führten trotz ihrer Freundschaft einen erbitterten »Spargelkrieg« (im Frankreich des 18. Jahrhunderts). Während Fontenelle den Spargel mit einer Vinaigrette mit aller ihm gebotenen Leidenschaft verzehrte, schwor Du Bos auf die Beigabe von köstlichster Buttersauce. Beide Freunde beharrten auf ihrer Meinung und das Schicksal nahm seinen Lauf: Der Streit wurde eines Tages so heftig, dass den armen Fontenelle der Schlag traf. Während seine Diener ihm zu Hilfe eilten, hatte Du Bos nichts Besseres zu tun als in die Küche zu eilen und dort den Befehl zu geben »Mettez tous au beurres« – Alle Spargel mit Buttersauce – und entschied so den Streit für sich.

Eine Klasse für sich

Spargel wird in unterschiedlichen Handelsklassen – und damit auch zu unterschiedlichen Preisen – angeboten. Welcher Spargel in welcher Handelsklasse sein darf, ist vom Gesetzgeber genau festgelegt. Hier die wichtigsten Handelsklassen im Überblick:

Handelsklasse Extra

Die Stangen müssen absolut gerade gewachsen sein mit einem Mindestdurchmesser von 12 mm, die Köpfe müssen fest geschlossen sein, es darf kein oder nur minimal Rost vorhanden sein, die Stangen dürfen weder gespalten noch hohl und müssen absolut weiß sein.
Schälverlust: 25 – 28 %

Handelsklasse I

Die Stangen müssen gut geformt, dürfen ganz leicht gebogen sein, mit einem Mindestdurchmesser von 10 mm, die Köpfe müssen fest geschlossen sein. Der Spargel darf leichte Verfärbungen aufweisen, etwas Rost ist zulässig.
Schälverlust: 28 – 30 %

Handelsklasse II

Die Stangen müssen nicht ebenmäßig sein, Mindestdurchmesser 8 mm. Die Köpfe dürfen leicht geöffnet sein. Etwas mehr Rost und leichte Verfärbungen sind erlaubt. Auch darf der Spargel leicht holzig sein.
Schälverlust: 30 – 35 %

Bei den regionalen Anbietern gibt es meist noch spezielle Spargelangebote. **Suppenspargel** ist beispielsweise dünner oder krummer Spargel, der nicht den Qualitätsnormen entspricht. Wegen der unterschiedlichen Stangendicke muss unter Umständen auf unterschiedliche Garzeiten geachtet werden. Für Gerichte, bei denen der Spargel püriert wird, ist Suppenspargel ideal.

Bruchspargel wurde beim Stechen oder Sortieren beschädigt oder konnte nicht vollständig abgestochen werden. Er bietet sich oft für Gerichte an, bei denen der Spargel ohnehin in kleine Stücke geschnitten wird, beispielsweise Salate.

Beachten sollte man aber, dass der billigste Spargel letztendlich nicht immer der preiswerteste ist. Wenn Sie bei einem Kilo Spargel 35 % Verlust durch höheren Schalen- und holzigen Stangenanteil haben, benötigen Sie mengenmäßig mehr Spargel für Ihr Essen. Und, nicht zu vergessen, auch der Arbeitseinsatz ist höher.

Quietscht der Spargel,
ist er gesund (und frisch!)

Neben den Handelsklassen gibt es beim Einkauf noch weitere Kriterien, die für die Qualität eine Rolle spielen.

Während bei einem Fahrrad oder einem Leiterwagen Quietschen eher von Abnutzungs- und Alterserscheinungen kündet, ist es beim Spargelkauf ein Zeichen für absolute Frische!

Ergeben die Spargelstangen beim Aneinanderreiben ein quietschendes Geräusch, sind sie wirklich auch am selben Tag frisch gestochen worden.

Ein zweites Frischeindiz sind Spargelenden, die beim leichten Zusammendrücken etwas Saft entweichen lassen, keinesfalls dürfen sie trocken oder gesprungen aussehen. Sicher gehört Ihr Händler nicht dazu, aber es gibt solche, die schneiden bei nicht mehr frischem Spargel die vertrockneten Enden ab, um sie frisch aussehen zu lassen. Dazu sollten Sie wissen: Frischer Spargelsaft hat ein feines Aroma, während älterer Saft leicht säuerlich riecht. Frischer Spargel lässt sich nicht biegen und gibt bei leichtem Druck nicht nach.

Sie sehen, Frische ist ein absolut wichtiges Kriterium für vollendeten Spargelgenuss.

Roststellen am Fahrrad deuten auch auf ein hohes Alter und fehlende Pflege hin! Beim Spargel hat das einen anderen Hintergrund: es handelt sich hier um einen völlig harmlosen Pilzbefall. Der »Rost« am Spargel beeinträchtigt nicht den Geschmack; es könnte aber sein, dass die Stangen vom Händler günstiger verkauft werden.

Auch Spargel mit nicht mehr geschlossenen Köpfen oder solche von krummem Wuchs sind nicht im Geschmack beeinträchtigt, werden aber meist günstiger angeboten.

Sollte der Bleichspargel bitter schmecken, können Witterungsschwankungen wie ein plötzlicher Kälteeinbruch die Ursache sein. Die Spargel enthalten dann besonders viele Bitterstoffe. Möglicherweise wurde der Spargel aber auch zu dicht über dem Wurzelstock abgestochen. Hier hilft es nur, die Enden noch großzügiger abzuschneiden als sonst. Testen Sie daher beim Schälen immer mal wieder, ob der Spargel in Ordnung ist.

Für einen Großteil Frische können Sie selbst sorgen: Kaufen Sie Spargel nur zu Spargelzeit! Denn da kommt er aus Deutschland und hat keine langen Transportwege hinter sich, die ihn austrocknen und auf denen er allerlei Temperaturschwankungen unterliegt. Am besten schauen Sie sich in Ihrer Region nach Anbietern um, denn je kürzer der Einkaufsweg, umso frischer die Ware.

Das richtige »Handwerkszeug«

Damit das problemlose Gemüse auch in der Verarbeitung problemlos bleibt, sollten Sie auf ein paar Dinge achten: Spargel, insbesondere der weiße Vertreter, schmeckt nur richtig gut, wenn er auch gut geschält wurde. Und das geht am besten mit einem der zahllosen im Handel angebotenen Spargelschäler mit beweglichen Klingen (die durchaus auch für viele andere Gemüse zu verwenden sind, sogar zum Kartoffelschälen eignen sie sich oft besser als viele der gängigen Kartoffelschäler!). Testen Sie eine preiswerte Variante und wenn Sie merken, mit welchem Gerät Sie am besten zurechtkommen, lohnt sich der Einkauf eines guten Gerätes. Es gibt endlich auch Spargelschäler für Linkshänder.

Ganz wichtig ist auch ein richtig gutes, scharfes Küchenmesser. Besonders Geübte können damit auch Spargel einwandfrei schälen, wir restlichen Genießer schneiden damit die holzigen Stangenenden sauber ab!

Spezielle Spargelkochtöpfe haben den Vorteil, dass die Spargelstangen aufrecht darin stehen und die Spargelköpfe im heißen Dampf gegart werden und somit fest bleiben. Einen solchen hohen Topf können Sie natürlich ebenfalls für alle anderen Gemüse oder Kartoffeln verwenden, wenn es einmal mehr sein soll. Und als Spaghettitopf ist er ebenfalls ein Ass! Es gibt auch flache, längliche Töpfe, in denen der Spargel liegend gegart werden kann. Solche Töpfe finden bei Fischliebhabern großen Anklang! Trotzdem müssen Sie sich für den Spargelgenuss nicht in Unkosten stürzen, auch in einer großen Pfanne, die ja fast in jedem Haushalt zu finden ist, lassen sich ganze Spargelstangen problemlos garen.

Um den Spargel stilvoll aus welchem Behältnis auch immer auf Teller oder Platten zu legen, empfiehlt sich eine Spargelzange.

Aber auch hier tut es ein guter Pfannenwender oder – etwas zweckentfremdet – eine Spaghettizange.

Die Perfektionisten unter uns sollten einmal einen Flohmarkt aufsuchen, dort werden Sie (fast) immer eine alte Spargelzange finden. Wenn Sie nicht wissen, wie diese aussehen muss, schauen Sie doch einmal in eines der Spargelmuseen (drei davon sind in diesem Buch beschrieben, siehe Seite 134), dort finden Sie zahlreiche alte Gerätschaften rund um den Spargel.

Das Handwerkszeug zum Essen des Spargels sind Messer und Gabel – heutzutage! Warum der Spargel früher mit Hilfe der Finger gegessen wurde? Ganz einfach, die damaligen Messer waren nicht rostfrei und die im Spargel befindliche Asparaginsäure ließ die Messer kräftig rosten. Und glauben Sie nicht, wenn Ihnen etwas anderes erzählt wird: Sie dürfen Spargel mit dem Messer schneiden. Kein Mensch kann wollen, dass Sie eine ganze Spargelstange in den Mund schieben, und damit zwangsläufig eine unangenehme Berührung des Zäpfchens in Kauf nehmen müssen!

Tipps für die Küchenpraxis

Spargel immer waschen, damit eventuell vorhandene Sandreste aus den Spargelköpfen gewaschen werden können.

Spargel bei guten Lichtverhältnissen gründlich und nicht zu sparsam schälen, besonders im unteren Teil etwas kräftiger schälen. Das holzige Ende bitte erst nach dem Schälen abschneiden, mindestens 2 cm, bei älterem Spargel kann manchmal auch bis zu 5 cm notwendig sein! Grüner Spargel muss nur im unteren Drittel geschält werden, das holzige Ende wird hier genauso gekürzt wie bei seinem weißen Bruder.

Bei einigen Spargelanbauern ist Spargel schon geschält erhältlich; wenn Sie wenig Zeit haben, kann sich das lohnen, der geschälte Spargel wird mit einem geringen Aufpreis verkauft.

Frischer, einwandfreier, ungeschälter Spargel lässt sich problemlos bis zu fünf Tagen aufbewahren. In ein feuchtes Küchenhandtuch eingewickelt und im Gemüsefach des Kühlschranks nimmt er keinen Schaden (wobei es natürlich unumstritten ist, je frischer, desto besser).

Wenn ein Fest ins Haus steht und Sie größere Mengen Spargel schälen müssen – auf die oben erwähnte Weise können Sie geschälten bzw. vorbereiteten Spargel mindestens zwölf Stunden lagern. Aber kochen Sie ihn immer frisch. Also eher zwei kleinere als eine große Portion servieren, Ihr verwöhnter Gaumen dankt es Ihnen.

In vielen Rezepten ist zu lesen, dass dem Kochwasser Zucker beigegeben wird. Ich habe meinen Spargel für die Rezepte dieses Buches immer frisch von einem Biobauern geholt und habe nie Zucker eingesetzt. Der Spargel war so frisch, wie er nur sein kann und auch niemals bitter.

Wenn Sie den Spargel mit einem Küchengarn entsprechend umwickelt in das Kochwasser geben, kann er nachher portionsweise auf die Teller gelegt werden.

29

Nehmen Sie zum Spargelkochen immer schon heißes, leicht gesalzenes Wasser. Und zwar nur so viel, dass die Stangen eben gerade bedeckt sind. Etwas Butter unterstreicht den feinen Geschmack des Spargels.

Die Kochzeit variiert je nach Frischegrad und Stärke der Spargelstangen zwischen 10 und 25 Minuten bei weißem Spargel und 10 bis 15 Minuten bei grünem Spargel. Wenn der Spargel nach dem Kochen noch weiter erwärmt wird, beispielsweise in einem Auflauf, verringert sich die Kochzeit. In den entsprechenden Rezepten in diesem Buch ist dies bereits berücksichtigt.

Kochen Sie Spargel niemals in Aluminiumtöpfen, die Asparaginsäure des Spargels geht mit dem Aluminiumoxid des Topfes eine unschöne Verbindung ein, die den Spargel nicht alt, aber grau aussehen lässt.

In den Rezepten ist oft von »vorgewärmten Tellern« die Rede; ich persönlich bevorzuge das bei sehr vielen Speisen. Es muss nicht erklärt werden, dass warme Speisen auf warmem Teller besser ist, als warmes Essen auf kaltem Teller. Wenn Sie ein Backofengericht haben, ist es ganz einfach und kostengünstig: die Teller zum Wärmen einfach nach Fertigstellung Ihres Gerichts in den ausgeschalteten Backofen zu stellen, das reicht völlig aus. Ansonsten stelle ich die Teller in heißes Wasser, das ich nachher zum Vorspülen bzw. Reinigen der Arbeitsfläche, Töpfe etc. weiterverwenden kann.

Bei Spargel gibt es noch eine Besonderheit: Wenn Sie ihn nicht direkt auf Tellern servieren, sondern auf eine Schale legen, kommt auf diese vorher eine weiße Stoffserviette. So bleibt der Spargel warm und die restliche Flüssigkeit wird durch den Stoff aufgenommen (landet also nachher nicht in Ihrer leckeren Sauce ...). Außerdem sieht das sehr festlich aus!

Spargel haltbar machen

Von Ende April bis zum 24. Juni gibt es Spargel aus deutschen Landen. Und der wahre Spargelliebhaber sollte genau diese Zeitspanne nutzen. Jedes Gemüse und jede Frucht hat ihre bestimmte Jahreszeit der Reife und in dieser auch das beste Aroma und eine entsprechend gute Qualität.

Es gibt jedoch zwei Möglichkeiten, Spargel über den 24. Juni hinaus zu retten:

Einfrieren: Spargel waschen, schälen, nach Wunsch in Stücke schneiden und in einem entsprechenden Gefäß bzw. Gefrierbeutel einfrieren (Haltbarkeit 5 bis 7 Monate). Zur Zubereitung den eingefrorenen Spargel nicht auftauen lassen, sondern – wie gewohnt – ins fast kochende, leicht gesalzene Wasser geben.

Sie kennen vielleicht den Spruch »Wenn die Mäuse satt sind, schmeckt das Mehl bitter ...« So ist das auch mit dem Spargel,

gegen Ende der Saison lässt die Lust merklich nach, der Spargel ist aber oft preiswerter als je zuvor. Nutzen Sie diese Zeit, um den Spargel in den Winter hineinzuretten. Manche Spargelbauern machen auch spezielle Angebote und bieten größere Mengen zum Einfrieren zu einem günstigen Preis an.

Einwecken: Haben Sie noch von Mama, Oma oder vom Flohmarkt die guten alten »Weckgläser«? Glas mit Deckel, Gummiring und Klammer sind die notwendigen Utensilien. Hier wird der Spargel durch Erhitzen konserviert und erreicht dadurch eine viel längere Haltbarkeit als durch das Einfrieren, nämlich bis zu 1½ Jahren ohne Geschmackseinbußen. Wenn Sie ein paar Regeln beachten, ist das Einwecken ein Kinderspiel – das übrigens wieder sehr in Mode kommt! Der Spargel sollte absolut frisch und einwandfrei sein. Die Gläser – logisch – sauber gespült. Die Gummiringe müssen der Bedeutung des Gummis noch entsprechen, sonst schließen sie nicht dicht ab, der Spargel beginnt zu gären, wird schließlich ungenießbar. Die Einweckmethode funktioniert nicht im Gas- oder Umluftherd.

Und so geht es: Den Spargel waschen und schälen, die Enden abschneiden, in Stücke schneiden. Für 60 Minuten in leicht gesalzenes kaltes Wasser legen. In einem Topf wenig Salzwasser erhitzen und den Spargel etwa 15 Minuten kochen lassen. In die Gläser schichten und mit leicht gesalzenem Wasser auffüllen, bis die Spargelstücke bedeckt sind. Die Gläser verschließen und etwa 60 Minuten lang im heißen Wasserbad bei knapp 100 °C sterilisieren. Die Gläser müssen zu drei Viertel im heißen Wasser stehen.

Die Gläser zum Abkühlen auf ein Tuch stellen. Die Klammern abnehmen und prüfen, ob die Glasdeckel fest sitzen. Bis zum Gebrauch an einen kühlen, dunklen Ort (Keller) stellen.

Vorspeisen

Spargel als Vorspeise: Das kann der Auftakt zu einem Spargel-menü sein oder zu einem Menü mit dem ganzen Reichtum des Frühsommers. Die in diesem Rezeptteil enthaltenen Gerichte können aber auch als Bestandteil eines kalt-warmen Büfetts oder beim ersten vorsichtigen Picknick den Gourmets unter uns zur Freude gereichen! Und mit solch außergewöhnlichen Rezepten wie zum Beispiel dem Spargelflan sind nach meiner Erfahrung selbst Spargelmuffel (doch, die gibt es!) zur Umkehr bereit!

Bunte Spargelplatte
Zubereitungszeit: ca. 30 Minuten (ohne Marinierzeit)

750 g grüner Spargel
etwas Salz
1 TL Butter

für die Sauce:
1 kleiner aromatischer Apfel
1 kleine rote Zwiebel
2 – 3 EL Limettensaft
3 EL Sonnenblumenöl
2 – 3 EL Apfel- oder Mangosaft
frisch gemahlener Pfeffer
½ Bund Basilikum
50 g Crème fraîche
100 g Joghurt
3 – 4 EL geriebener Meerrettich

Den grünen Spargel waschen, das untere Drittel schälen, dabei die holzigen Stielenden abschneiden. Mit Salz und Butter in einem ausreichend großen Topf in 8 – 10 Minuten bissfest kochen.

Für die Sauce den Apfel mit der Schale (wenn aus Bio-Anbau) fein reiben, Zwiebel in kleine Würfelchen schneiden, mit Limettensaft, Öl, Saft und etwas Pfeffer vermischen. Basilikumblätter in feine Streifen schneiden.

Den Spargel in eine längliche Form legen (oder abgeschüttet im Topf lassen) und noch warm mit der Sauce übergießen. Mindestens 40 Minuten in der Marinade liegen lassen, eventuell einmal vorsichtig wenden, damit er von allen Seiten mit der Marinade in Berührung kommt.

Zum Verzehr den Spargel aus dem Gefäß entweder auf eine hübsche Platte oder gleich auf Essteller legen und mit der im Topf verbliebenen Marinade beträufeln. Die Basilikumblätter darüber streuen.

Crème fraîche, Joghurt und Meerrettich vermischen und als Häubchen auf den Spargel setzen.

Tipp: Wenn diese köstliche Vorspeise als Hauptgericht serviert werden soll, nehmen Sie pro Person mindestens 400 g Spargel und servieren dazu kleine, eventuell ganz kurz in Butter angebratene neue Kartoffeln.

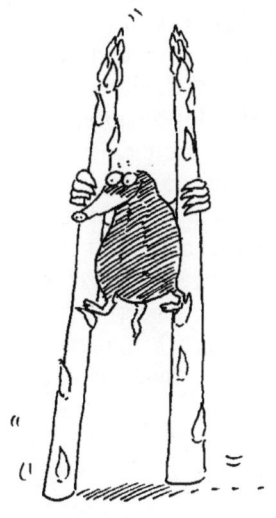

Wenn Sie auf dem Markt einmal ganz dünnen grünen Spargel finden, bietet sich diese Blitzrezept-Variante an:

Roher Spargel an Joghurtsauce
Zubereitungszeit: ca. 20 Minuten (ohne Marinierzeit)

500 g Spargel (weiß oder grün)
Salz
frisch gemahlener Pfeffer
½ MSP Zimt
1 MSP gemahlenes Piment
2 EL Aceto Balsamico
3 EL Nussöl
300 g Joghurt
1 Hand voll gemischte Kräuter

Spargel waschen. Grüner Spargel muss sicher nicht geschält werden, eventuell müssen ein paar Zentimeterchen der Stiele ab. Auch bei ganz frischem weißem Spargel kann es sein, dass wirklich nur im unteren Drittel geschält werden muss und die Enden abgeschnitten werden sollten. Aus den Gewürzen, dem Essig und dem Öl mit einem Schneebesen eine homogene Marinade aufschlagen. Den Spargel mit einem scharfen Messer der Länge nach einmal durchschneiden und in eine flache Schale legen. Mit der Marinade beträufeln, 10 Minuten ziehen lassen, vorsichtig drehen und nochmals 5 Minuten abgedeckt ziehen lassen. Dann den Spargel auf Teller verteilen, entweder als kleines Bündel oder sternförmig dekoriert. 1 – 2 EL der Marinade unter den Joghurt rühren. Die Kräuter fein hacken, unter den Joghurt ziehen. Joghurt extra zum Spargel reichen oder auf die Teller dekorieren.

Tipp: Dieser marinierte Spargel bietet sich sehr gut für ein kalt-warmes Büfett oder als Vorspeise an. Hübsch sieht es aus, wenn Sie einige Blütenblätter, zum Beispiel von Gänseblümchen oder Löwenzahn, auf dem Joghurt oder dem Spargel verteilen. Als Variante bieten sich ein paar gehackte Macadamianüsse an oder, besonders köstlich, frisch geröstete Sonnenblumenkerne.

Ein Blitzrezept für weißen und grünen Spargel von einer Freundin aus Italien: lecker als schnelles Frühsommergericht mit einem Salat oder als feine kleine Vorspeise, echt italienisch als *primo piatto ...*

Spargel bianco e verde
mit frischem Parmesan
Zubereitungszeit: ca. 25 Minuten

400 g grüner Spargel
400 g weißer Spargel
1 TL Salz
1 große Limette
4 – 5 EL Olivenöl
100 g frisch (!) geriebener Parmesan oder Pecorino
frisch gemahlener schwarzer Pfeffer

Den grünen Spargel waschen, das untere Drittel schälen, dabei die holzigen Stielenden abschneiden. Den weißen Spargel waschen, gründlich schälen, auch hier die holzigen Enden abschneiden, getrennt in Salzwasser 10 – 15 Minuten garen, je nach Frischegrad der Spargelstangen.
In der Zwischenzeit die Teller vorwärmen und die Limette mit einem scharfen Messer in Achtel schneiden. In einer großen Pfanne (oder einem entsprechend großen, flachen Topf) das Olivenöl erhitzen, die abgetropften Spargelstangen darin erhitzen, mit dem Käse bestreuen, wenden und sofort auf die Teller legen. Den Spargel mit der restlichen Öl-Käse-Mischung aus der Pfanne übergießen und den Pfeffer frisch darüber mahlen. Die Limettenachtel auf einem kleinen Teller separat dazu reichen.

Ein paar Scheiben knuspriges Ciabattabrot schmecken lecker dazu und tun gute Dienste, um das auf dem Teller eventuell verbleibende Olivenöl auch noch zu genießen.

Tipp: Sollten Sie Zugriff auf frische (!) Rosmarinnadeln haben, können Sie diesem Gericht eine besondere Note geben. 2 – 3 Rosmarinnadeln hacken und mit dem Spargel zusammen in das heiße Öl geben. Und – verwenden Sie unbedingt frisch geriebenen Käse. Der Tütenparmesan hat nichts gemein mit dem duftenden, frisch geriebenen Hauch von Käse ...

Marinierter Spargel mit Räuchertofu
Zubereitungszeit: ca. 30 Minuten (ohne Marinierzeit)

600 g weißer Spargel (möglichst dünne Stangen)
600 g grüner Spargel
Salz
3 – 4 EL Zitronensaft
frisch gemahlener schwarzer Pfeffer
1 TL flüssiger Honig
80 ml Öl + 1 EL Öl
150 g Räuchertofu
4 Eier
1 Becher Crème double (150 g)
200 g Schmand
1 Bund glatte Petersilie, gehackt
100 g Schalotten, fein gewürfelt

Weißen Spargel waschen, schälen und die holzigen Enden abschneiden. Grünen Spargel im unteren Drittel schälen, holzige Enden abschneiden. In kochendem Salzwasser 2 Minuten blanchieren, abschütten und mit kaltem Wasser abschrecken.

Aus Zitronensaft, Salz, Pfeffer, Honig und Öl eine Vinaigrette rühren. Spargel in einer flachen Arbeitsschale damit begießen und 1½ Stunden marinieren, dabei öfter wenden.

Den Räuchertofu in Würfel schneiden. Eier in 10 Minuten hart kochen. Eiweiß und Eigelb getrennt fein hacken, abgedeckt beiseite stellen. Crème double und Schmand mit den Quirlen des Handrührers cremig aufschlagen.

Petersilie vorsichtig unter den Spargel mischen. Spargel auf eine große Platte legen. Rechts und links jeweils etwas Crème double geben. Eigelb, Eiweiß und Schalottenwürfel daneben verteilen. Die Räuchertofuwürfel kurz vor dem Servieren in etwas Öl knusprig ausbraten, auf die Crème double legen. Servieren Sie frisch geröstetes Brot zu dieser exquisiten Spargelvorspeise.

Diese Leckerei kann als Vorspeise dienen oder ein kleines Frühsommergericht sein:

Knuspriger Toast mit Spargelragout
Zubereitungszeit: ca. 40 Minuten

4 Scheiben Vollkorntoastbrot
50 ml Milch
2 Eier
4 EL frisch geriebener Parmesan (oder Pecorino)
Kräutersalz
frisch gemahlener Pfeffer
200 g Zuckerschoten
200 g Spargelspitzen (weißer Spargel)
1 + 1 EL Olivenöl
50 g getrocknete, in Öl eingelegte Tomaten
etwas frischer Kerbel (ersatzweise glatte Petersilie)

Die Toastscheiben auf eine tiefe Platte legen. Milch, Eier und Käse kräftig verquirlen, mit Salz und Pfeffer abschmecken, über die Brotscheiben gießen, diese einmal wenden und ziehen lassen.

Die Zuckerschoten putzen (entfädeln) und waschen, Spargelspitzen waschen. Einen EL Olivenöl und das Öl der getrockneten Tomaten erhitzen. Zuckerschoten und Spargelspitzen darin in 8 – 10 Minuten bei mittlerer Hitze bissfest dünsten (Deckel auflegen). Die Tomaten klein schneiden und noch 5 Minuten mitdünsten. In einer Pfanne das restliche Öl erhitzen und die Toastbrotscheiben darin von beiden Seiten hellgelb-knusprig braten. Den Kerbel bzw. die Petersilie unter das Gemüse mischen. Das Brot auf vier Teller verteilen, mit dem Gemüse belegen und gleich servieren.

Diese edle Vorspeise kann auch als leichtes Abendessen serviert werden!

Spargelflan auf Kohlrabi-Kerbelsalat
Zubereitungszeit: ca. 70 Minuten
Für 2 Portionen

250 g weißer Spargel
60 g Butter
Salz
½ TL Honig
Salz
Pfeffer
frisch geriebene Muskatnuss
etwas Butter für die Förmchen
2 Eier
1 TL Himbeeressig
2 EL saure Sahne
1 Prise gemahlener Anis
20 g Kerbel
1 Kohlrabi, fein geraspelt

Spargel waschen, schälen, dabei die holzigen Enden abschneiden, etwa vier Spargelköpfe beiseite legen. Spargel grob zerkleinern, Wasser aufkochen, Butter, Salz, Honig und die Spargelstücke zugeben, in etwa 20 Minuten ziemlich weich kochen. Von der Kochflüssigkeit 2 EL abnehmen; den Spargel mit der restlichen Flüssigkeit (sollten ca. 80 ml sein) pürieren, mit Salz, Pfeffer und Muskat abschmecken. Ofenfeste Förmchen mit etwas weicher Butter ausfetten, den Ofen auf 180 °C vorheizen. Die Eier trennen, Eiweiß zu steifem Schnee schlagen und kalt stellen. Eigelb und die noch leicht warme Spargelbrühe mit einem Schneebesen zu einer schaumigen Creme aufschlagen, unter das Spargelpüree heben. Das Eiweiß mit einem Küchenspatel ebenfalls unterheben. Die Creme in die gebutterten Förmchen füllen, diese in eine mit heißem Wasser gefüllte Saftpfanne stellen und in etwa 30 Minuten stocken lassen. Die Formen müssen zu zwei Drittel ihres Fassungsvermögens in Wasser stehen.

Aus Essig, Sahne, Anis und etwas Salz und Pfeffer eine Vinaigrette rühren. Die Kerbelblättchen von den Stielen zupfen, mit den Kohlrabiraspeln vermischen. Die Vinaigrette untermischen. Die Kohlrabirohkost auf Teller dekorieren, die Flans aus den Formen gleiten lassen (eventuell mit einem spitzen Messer am Rand lösen) und auf die Rohkost legen. Mit den Spargelspitzen belegen und noch warm servieren.

Tipp: Als Entree zu einem Gäste- oder Selbst-Verwöhn-Essen ist dieser außergewöhnliche Flan zwar etwas arbeitsaufwändig, aber gut vorzubereiten. Außerdem schmeckt er kalt auch sehr gut.

Einfach, aber sehr effektvoll – eignet sich gut für ein kaltes Büfett oder als leckere Vorspeise:

Gemüseterrine mit grünem Spargel
Zubereitungszeit: ca. 90 Minuten (ohne Kühlzeit)

500 g grüner Spargel
500 g Brokkoli
Salz
Schüssel mit einigen Eiswürfeln
400 g Schichtkäse
* (ersatzweise Quark, der aber gut abtropfen muss)*
100 g Crème fraîche
3 Eier
frisch gemahlener Pfeffer
frisch geriebene Muskatnuss
1 MSP gemahlenes Piment
ein paar Estragonblättchen
etwas weiche Butter zum Ausstreichen der Form
1 große Tomate

Den Spargel waschen, im unteren Drittel schälen und die holzigen Enden abschneiden. Die Spargelstangen in drei Teile schneiden. Den Brokkoli waschen und in kleine Röschen zerteilen. In kochendem Salzwasser beide Gemüse zusammen knapp 5 Minuten kochen.
In der Zwischenzeit eine Schüssel mit Wasser füllen und einige Eiswürfel hineingeben. Das Gemüse in ein Sieb abschütten und sofort mit dem Eiswasser übergießen. Dadurch bleibt die kräftig grüne Farbe von Brokkoli und Spargel erhalten.
In einer großen Schüssel den Schichtkäse mit der Crème fraîche klumpenfrei verrühren (falls doch Klümpchen zurückbleiben, sollten Sie sich die Arbeit machen, den Käse durch ein Sieb zu

streichen, sie sehen in der Terrine unschön aus). Eier, Pfeffer, Muskatnuss und Pimentpulver unterrühren und kräftig abschmecken. Die Estragonblätter in feine Streifen schneiden und unter die Creme rühren. Gemüse unterheben. Backofen auf 180 °C vorheizen.

Eine Terrinenform (oder Kuchenkastenform) mit 1 l Fassungsvermögen mit Alufolie so auslegen, dass sie an den beiden breiten Seiten etwa 4 cm übersteht. Die Alufolie mit der weichen Butter einstreichen. Die Gemüse-Quark-Mischung in die Form füllen und die überstehende Folie über die Oberfläche legen, so dass das Gemüse abgedeckt ist (die überstehenden Enden auch einbuttern, damit sie sich später leicht vom Gemüse lösen lassen).

Die Form in die Saftpfanne des Backofens stellen und so viel heißes Wasser anfüllen, dass die Form mindestens 3 cm tief im Wasser steht. Die Terrine wird nun etwa 1 Stunde gegart (sie ist fertig, wenn sie bei einem Fingerdruck leicht nachgibt, der Finger aber nicht einsinkt, also keine Quarkcreme haften bleibt).

Die Form vorsichtig aus dem Wasserbad heben, abkühlen lassen und dann für mehrere Stunden in den Kühlschrank stellen. Zum Servieren die Terrine auf eine längliche Form legen, die Alufolie ganz langsam abziehen (schauen, dass keine Reste an der Terrine kleben bleiben). Die Tomate kurz in kochendes Wasser tauchen, die Haut abziehen. Dann in kleine Würfelchen schneiden und (ohne Kerne und Flüssigkeit) auf der Terrine verteilen.

Tipp: Servieren Sie knuspriges Ciabattabrot (das gibt es auch mit würzigen getrockneten Tomaten oder Oliven!) dazu und passend zum italienischen Brot einen trockenen Pinot Grigio!

Als Vorspeise, als leichtes Sommeressen oder als Bestandteil eines kalt-warmen Büfetts gut geeignet:

Grüner Spargel
mit sauer eingelegten Gemüsen
Zubereitungszeit: ca. 25 Minuten

1 kg grüner Spargel
Salz
4 – 5 hart gekochte Eier
6 – 8 EL Olivenöl (extra vergine)
1 TL scharfer Senf (alternativ körniger Dijon-Senf)
1 EL Kapern
1 EL italienische Sauergemüse, gemischt
1 Bund glatte Petersilie
1 – 2 Lauchzwiebeln
frisch gemahlener weißer Pfeffer

Den Spargel waschen, das untere Drittel schälen, dabei die holzigen Stielenden abschneiden. In kochendem, leicht gesalzenem Wasser 10 – 15 Minuten kochen, abtropfen lassen. In der Zwischenzeit die hart gekochten Eier abschälen, die Eigelbe in einer Schüssel zerdrücken und das Olivenöl nach und nach unterrühren. Es entsteht eine homogene dickliche Sauce, ähnlich wie eine Mayonnaise. Fügen Sie dieser Sauce nun den Senf und die Kapern zu. Das Gemüse wird fein gehackt oder mit einem Messer in Würfelchen geschnitten und untergezogen. Die Petersilie von den Stängeln zupfen, grob hacken, unterrühren – dabei einen Esslöffel der gehackten Blätter für die Dekoration aufbewahren. Von den Lauchzwiebeln nur die weißen und die hellgrünen Teile in feine Ringe schneiden. Zur Sauce geben, diese mit Salz und Pfeffer abschmecken.

Den Spargel auf vorgewärmte Teller legen, die Sauce entweder darüber gießen oder separat dazu reichen. Die restliche Petersilie über die Sauce bzw. die Spargel streuen.

Ein knuspriges Baguette oder ein Ciabattabrot runden dieses aromatische Spargelgericht ab.

Tipp: Das ist ein klassisches italienisches Gericht, das ursprünglich mit wildem Spargel zubereitet wird. Er sieht aus wie grüner Spargel, die Stangen sind jedoch ganz dünn. Er wird gar nicht geschält, nur die holzigen Enden werden entfernt, indem man den Spargel biegt, bis das harte Ende abbricht. Diesen Spargel werden Sie bei uns in Deutschland kaum bekommen, es sei denn in ganz ausgesuchten und spezialisierten Gemüsegeschäften. Eine gute Alternative ist der grüne Spargel, hier ist es wichtig, beim Einkauf darauf zu achten, dass die Stangen nicht zu dick sind.

Das italienische Sauergemüse ist in Gläsern in italienischen Gemüsegeschäften erhältlich. Alternativ können Sie eingelegte Gemüse aus dem Glas wie Senfgurken, Paprika, Artischocken etc. verwenden.

Spargel à la Fontenelle –
das klassische Rezept aus Frankreich
Zubereitungszeit: ca. 35 Minuten

1500 g Spargel
10 g Butter
Salz
etwas Zucker
4 Eier
150 g Butter
frisch gemahlener weißer Pfeffer

Den Spargel waschen, gründlich schälen, die holzigen Enden abschneiden und mit der Butter in wenig Wasser, mit Salz und Zucker gewürzt, aufkochen. Zugedeckt bei mittlerer Hitze knapp 25 Minuten dünsten (Garprobe). Eier wachsweich kochen, Butter zerlassen. Spargel auf vorgewärmten Tellern servieren, mit einem Hauch weißen Pfeffers aus der Mühle würzen. Nun stellt man die Butter auf ein Stövchen und verteilt die Eier in Eierbecher. Traditionell isst man den Spargel jetzt so: die Stangen in die Butter tauchen, dann in das weich gekochte Ei. Und, echt französisch, servieren Sie ein knuspriges Baguette dazu und einen leichten spritzigen Weißwein.

Salate

In diesem Kapitel erfahren Sie, dass Spargel durchaus roh verzehrt werden kann, ja sogar ganz hervorragend schmeckt. Für
diesen Fall ist es sehr wichtig, auf absolute Frische des Spargels
zu achten. Wenn Sie Ihren Spargel auf einem Spargelhof einkaufen oder bei einem Spezialhändler auf dem Wochenmarkt,
fragen Sie nach ganz dünnen Stangen von Grünspargel. Er sieht
aus wie der – zum Beispiel in Italien erhältliche – Wildspargel.
Er schmeckt sehr aromatisch und muss überhaupt nicht geschält,
sondern von den holzigen Stangenenden befreit werden.

Rohe Pilze, roher Spargel = purer saftiger Geschmack:

Champignon-Spargel-Salat
Zubereitungszeit: ca. 30 Minuten

700 g grüner Spargel
200 g Steinpilz-Champignons
½ Bund glatte Petersilie
1 – 2 EL Sonnenblumenkerne
2 EL Haselnussöl
1 TL Balsamico-Essig
4 EL Crème fraîche
1 TL körniger Senf
Salz
frisch gemahlener Pfeffer
evtl. 1 Spritzer Limettensaft
einige Rucolablätter für die Dekoration

Den Spargel waschen, bei Bedarf im unteren Drittel schälen, das holzige Ende großzügig abschneiden. Die Spargelstangen in dünne Scheiben schneiden, die Spitzen ganz lassen. Die Champignons (trocken) putzen, Stiele etwas kürzen, in dünne Scheiben schneiden. Petersilie waschen, gut trockenschütteln, die Blättchen von den Stielen zupfen und grob hacken. Die Sonnenblumenkerne in einer trockenen Pfanne hellbraun rösten. Aus dem Nussöl, dem Essig, der Crème fraîche und dem Senf mit einem Schneebesen eine schaumige, luftige Sauce schlagen, mit Salz und Pfeffer abschmecken, eventuell noch einen Spritzer Limettensaft zufügen. Spargel- und Pilzscheiben vorsichtig mit der Salatsauce (einen EL davon zurückbehalten) mischen, etwas darin ziehen lassen. Rucola auf Teller verteilen, den Salat darauf anrichten, einen Klecks Salatsauce auf den Salat geben, mit den Spargelspitzen dekorieren, die gerösteten Sonnenblumenkerne auf dem Salat verteilen.

Tipp: Wenn Sie schon junge Möhren bekommen, habe ich noch diesen Dekorationstipp: mit einem Sparschäler dünne Streifen abschälen, diese zusammenrollen und zu den Spargelspitzen stecken.

Bunt und saftig der Salat, zart schmelzend das Ei:

Frühlingsgemüsesalat mit pochierten Eiern
Zubereitungszeit: ca. 55 Minuten

700 g weißer Spargel
200 g junge Möhren
1 kleiner Kohlrabi mit Grün
100 g Zuckerschoten
250 ml Apfelessig
Kräutersalz
Pfeffer
100 ml Haselnuss- oder Mandelöl
1 TL cremiger, mittelscharfer Senf
4 Eier (sie müssen unbedingt ganz frisch sein!)
½ Bund glatte Petersilie
½ Bund Schnittlauch oder 2 Stangen Frühlingszwiebeln
1 Bund Kerbel
eine Schüssel mit kaltem Salzwasser bereitstellen
*   (für die pochierten Eier)*

Spargel waschen, gründlich schälen, die holzigen Enden großzügig abschneiden, Spargel in ca. 3 cm lange Stücke schneiden,
die Köpfe ganz lassen. Die Möhren abbürsten, halbieren, längs
in dünne Scheiben schneiden. Kohlrabi schälen, vierteln, in
dünne Scheiben schneiden. Zuckerschoten waschen, entfädeln,
einmal schräg durchschneiden. In einem Topf Wasser erhitzen,
Spargel, Kohlrabi und Möhren zugeben und etwa 8 Minuten
im siedenden Wasser blanchieren. Dann die Zuckerschoten
zugeben, noch mal knapp 4 Minuten dünsten. Das Gemüse in
ein Sieb schütten, das Kochwasser aufbewahren. Das Gemüse
mit kaltem Wasser abschrecken, wieder in den abgekühlten Topf
füllen.

200 ml Gemüsekochwasser mit einem Schneebesen mit 4 EL Essig, etwas Salz, Pfeffer, Öl und Senf zu einer homogenen Sauce schlagen, über das Gemüse gießen und gut untermischen.

In einem breiten flachen Topf den restlichen Essig mit etwa 2 Liter Wasser aufkochen. Hitze zurücknehmen, so dass das Wasser immer kurz vor dem Siedepunkt bleibt. Je ein Ei in eine Suppenkelle oder einen großen Gemüselöffel aufschlagen und vorsichtig in das siedende Wasser gleiten lassen. In dem Moment, in dem das Eiweiß zu stocken beginnt, mit Hilfe von zwei Esslöffeln das Eiweiß über das Eigelb ziehen. Die Eier etwa 6 Minuten im Wasser ziehen lassen, dann herausnehmen und kurz in eine Schüssel mit kaltem, gesalzenem Wasser geben.

Die Kräuter hacken bzw. schneiden. Die Gemüse kurz vor dem Servieren nochmals leicht erwärmen, die Kräuter unterziehen, dabei einen EL gemischte Kräuter für die Dekoration aufbewahren. Den Gemüsesalat auf Teller dekorieren, die pochierten Eier in die Mitte setzen und mit den restlichen Kräutern bestreuen.

Tipp: Das klingt ganz schrecklich kompliziert mit den pochierten Eiern. Das einzig Schwierige – und Wichtige – ist aber, ganz frische Eier zu bekommen. Denn nur mit diesen gelingt dieses Rezept. Alles andere ist Übungssache (und wenn es wirklich nicht hinhaut mit dem Pochieren, geht zur Not auch ein wachsweich gekochtes, gepelltes Ei!) Abgesehen von dieser Eierei ist der Gemüsesalat auch solo ein Genuss, denn die frischen Frühlingsgemüse haben ein unvergleichlich gutes Aroma!

Zwei Frühlingsschlager vereint:

Grün-Weiß-Salat
Zubereitungszeit: ca. 40 Minuten (ohne Marinierzeit)

500 g Spargel
eine Schüssel mit einigen Eiswürfeln
500 g Erbsenschoten (ersatzweise TK- Produkt 300 g)
Salz
150 g Steinpilzchampignons
4 Schalotten (ersatzweise eine dicke weiße Zwiebel)
1 Zweig Estragon (ersatzweise getrockneter Estragon)
4 EL Estragonessig
frisch gemahlener weißer Pfeffer
Salz
1 MSP gemahlenes Piment
1 TL Honig (am besten flüssigen Akazienhonig)
4 – 5 EL Weizenkeimöl
  (ersatzweise ein anderes kaltgepresstes Öl)
2 – 3 Kerbelzweige

Den Spargel waschen und gründlich schälen. Die holzigen Enden abschneiden und den Spargel in fingerdicke Scheiben schneiden, dabei die Spargelköpfe ganz lassen. Eine Schüssel mit einigen Eiswürfeln und kaltem Wasser bereitstellen. Die Erbsen auspalen und in kochendem, leicht gesalzenem Wasser etwa eine Minute blanchieren. (Das geht am besten, indem Sie die Erbsen in ein Sieb geben, das Sie dann ins kochende Wasser tauchen.) Dann sofort mit dem Eiswasser abschrecken, so behalten die Erbsen ihre leuchtendgrüne Farbe. Die Pilze putzen, das heißt von den Stielenden maximal 0,5 cm abschneiden, den Pilz mit Hilfe einer Pilzputzbürste oder einem weichen Tuch nach Bedarf säubern. (Bitte Pilze nie waschen, sie saugen sich

sonst voll Wasser – nicht umsonst heißen Pilze auch »Schwam-
merln« – und verlieren viel von ihrem leckeren Aroma.)
Nun die Pilze – auch die Stiele – in dünne Scheiben schneiden.
Die Schalotten sehr fein würfeln. Die Estragonblättchen von
den Stielen streifen und fein hacken. In einer Schüssel Essig,
Pfeffer und Salz, Piment und Honig mit einem Schneebesen gut
verrühren. Die Estragonblättchen und das Öl zugeben und kräftig
aufschlagen, damit eine homogene Sauce entsteht. Die Gemüse mit der Vinaigrette mischen und mindestens 20 Minuten
abgedeckt ziehen lassen. Kurz vor dem Servieren den Salat mit
den abgezupften Kerbelblättchen dekorieren.

Tipp: Dieser Salat eignet sich sehr gut für ein kaltes Büfett oder
auch als »Büromahlzeit«, serviert mit knusprigem Baguette oder
dem italienischen Konkurrenten, dem Ciabattabrot!

Noch ein Tipp: Kaufen Sie Pimentkörner und keinen bereits
gemahlenen Piment. Das köstliche Aroma verfliegt sehr schnell
und das Pulver hat bald keine Ähnlichkeit mehr mit dem frisch
gemahlenen Gewürz. Sie erhalten Pimentkörner im Lebensmit-
telhandel; vorzuziehen sind jedoch die Gewürze aus Reform-
häusern oder Naturkostläden. Die entsprechenden Lieferanten
haben sich verpflichtet, nur Gewürze zu vertreiben, die nicht
mit Pestiziden behandelt oder bestrahlt sind.

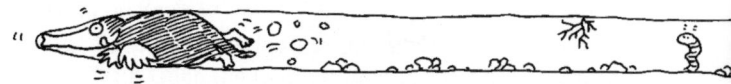

Bunter Reissalat mit grünem Spargel

Zubereitungszeit: ca. 45 Minuten
Für 4 – 6 Portionen

200 g Langkornreis
Salz
700 g grüner Spargel
1 Ei
2 in Öl eingelegte rote Paprikaschoten
50 g schwarze Oliven ohne Steine
½ Glas Maiskörner
1 EL Kapern
1 TL mittelscharfer Senf
5 EL Olivenöl
1 – 2 EL Estragon- oder sonstiger Kräuteressig
frisch gemahlener Pfeffer
100 g Gouda mit Kräutern oder Gewürzen, gewürfelt
1 Bund Basilikum
1 EL Pinienkerne, trocken in der Pfanne geröstet

Den Reis nach Packungsanweisung kochen, durch ein Sieb gießen, kalt abspülen und gut abtropfen lassen. Den Spargel waschen, im unteren Drittel schälen, holzige Enden abschneiden. In mundgerechte Stücke schneiden und in wenig kochendem, gesalzenem Wasser in 15 – 20 Minuten weich kochen, beim Abschütten etwas von der Kochflüssigkeit übrig behalten.

Das Ei hart kochen, kalt abschrecken, pellen und in Scheiben schneiden. Die Paprika in Streifen schneiden, die Oliven halbieren oder vierteln. Paprika, Oliven, Maiskörner und die Kapern mit dem Reis vermischen, die Spargelstücke unterheben, 2 – 3 EL Spargelbrühe unterrühren. Aus Senf, Öl und Essig eine Sauce rühren, mit Pfeffer und Salz abschmecken. Über den Salat gießen und vorsichtig untermischen, dabei die Käsewürfel zufügen. Falls der Salat zu trocken erscheint, noch etwas Spargelbrühe angießen, kräftig abschmecken. Basilikum waschen und trockenschütteln. Die Blättchen von den Stielen abzupfen, dabei ein paar schöne Blätter für die Dekoration aufheben. Die restlichen Blätter grob hacken und unter den Salat mischen. Auf eine großen Platte geben, mit den Eischeiben und den zurückbehaltenen Basilikumblättern dekorieren. Die gerösteten Pinienkerne darüber streuen.

Tipp: Als leichtes Abendessen, als Büromahlzeit, für ein Büfett oder die Gästebewirtung, der ideale Salat. Bunt, saftig, appetitanregend und einfach herzustellen! Dazu ein knuspriges Baguette; als alkoholische Getränke passen ein trockner Weißwein oder ein fruchtiger Prosecco dazu. Eine ganz witzige Kombination ist ein weiteres Frühsommerhighlight, nämlich Holunderblütensekt, harmoniert hervorragend mit dem Spargelaroma!

Super als Vorspeise oder auch als Büromahlzeit!

Bandnudel-Spargel-Salat
Zubereitungszeit: ca. 50 Minuten

700 g weißer Spargel (auch Bruchspargel)
Salz
1 EL Butter
100 g Bandnudeln
3 kleine Zucchini
1 kleiner grüner Salat
½ Bund glatte Petersilie
½ Bund Basilikum
1 Bund Schnittlauch
Saft von einer Limette
1 EL körniger Senf
frisch gemahlener Pfeffer
einen Hauch Nelkenpulver
½ MSP gemahlenes Piment
5 EL Walnuss- oder Haselnussöl
1 EL Schmand

Den Spargel waschen, sorgfältig schälen, die holzigen Enden großzügig abschneiden, in 3 – 4 cm lange Stücke schneiden. Etwa ein Liter Wasser erhitzen, Salz und die Butter zufügen und die Spargelstücke darin in etwa 20 Minuten weich kochen. Die Spargel aus dem Wasser mit einem Schaumlöffel o. Ä. heraus nehmen, das Wasser erneut zum Kochen bringen und die Bandnudeln darin nach Packungsanweisung al dente kochen. Die Zucchini waschen, putzen, halbieren und in feine Streifen schneiden. Den Salat waschen, trockenschleudern und auf Salatteller legen (oder alles auf einer großen Platte anrichten). Petersilie, Basilikum und Schnittlauch waschen, trockenschütteln. Kräuter hacken bzw. den Schnittlauch in nicht zu kleine Röllchen schneiden (das geht am besten mit einer scharfen Schere). Aus den restlichen Zutaten mit einem Schneebesen eine Vinaigrette schlagen, so dass sie schön schaumig wird. Die Nudeln abgießen und noch warm mit Spargel- und Zucchinistücken sowie der Vinaigrette gut vermischen. Auf die Salatblätter verteilen.

Tipp: Sehr lecker schmeckt zu diesem Salat etwas frischer Parmesan, gerieben oder in ganz dünne Scheiben gehobelt. Mit einem knusprigen Vollkornbaguette oder einem Ciabattabrot wird aus dem Salat ein feines kleines Mittagessen.

Spargel-Kartoffel-Salat in Kürbiskerncreme
Zubereitungszeit: ca. 35 Minuten

800 g neue Kartoffeln (möglichst kleine Exemplare)
1 EL Sonnenblumenöl
Saft von zwei Limetten
Salz
frisch gemahlener weißer Pfeffer
2 – 3 frische Estragonblätter, fein gehackt
  (ersatzweise ½ TL getrocknet)
1 Bund Frühlingszwiebeln, fein gehackt
500 g grüner Spargel
2 – 3 EL Kürbiskerne
2 EL Estragonessig
2 TL Honig
3 EL Kürbiskernöl
200 g möglichst kleine, zarte Spinatblätter

Die Kartoffeln abbürsten und etwa 20 Minuten kochen. Für die Sauce das Sonnenblumenöl mit dem Limettensaft verrühren. Das geht am besten mit einem kleinen Schneebesen. Mit den Gewürzen und dem Estragon verrühren, die Frühlingszwiebelröllchen unterheben (ein paar für die Dekoration aufheben). Die abgekühlten, noch leicht warmen Kartoffeln halbieren (eventuell auch vierteln, je nach Größe), zu der Ölmischung geben und darin mindestens eine Stunde marinieren.

Vom Spargel eventuell holzige Enden abschneiden und, falls nötig, im unteren Drittel schälen. In etwas Wasser ca. 12 Minuten garen und abtropfen lassen (vom Spargelkochwasser etwa 3 EL aufheben).

Die Kürbiskerne in einer trockenen Pfanne rösten, bis sie leicht gebräunt sind und angenehm riechen. Essig, Honig, Spargelkochwasser und Kürbiskernöl zu einer homogenen Creme aufschlagen, mit Salz und Pfeffer abschmecken.

Die Kartoffeln mit dem Spargel und den Spinatblättern zusammen auf Teller geben, mit der Vinaigrette beträufeln, restliche Frühlingsröllchen und die gerösteten Kürbiskerne darüber geben.

Mit einem knusprigen Ciabattabrot oder auch einer leckeren Baguettestange haben Sie hiermit ein kleines feines Mittag- oder Abendessen. Der Salat ist auch prima als Büromahlzeit geeignet.

Tipp: Statt des Spinats können Sie auch zarte Rucolablätter verwenden.

Beim Rösten der Kürbiskerne sollten Sie einen Teller neben die Pfanne stellen. Die wenigen Sekunden die Sie brauchen, um einen Teller aus dem Schrank zu holen, derweil die Kerne noch in der heißen Pfanne sind, könnten genügen, um sie vom gebräunten in einen eher schwarzen Zustand zu verwandeln ...

Außergewöhnlich, erfrischend und farbenfroh:

Erdbeer-Spargel-Salat
Zubereitungszeit: ca. 20 Minuten
Für 2 – 3 Portionen

500 g weißer Spargel
300 g Erdbeeren
1 Bund Frühlingszwiebeln
1 EL Pinienkerne
4 – 5 EL Sahne
1 TL Himbeeressig
Salz
frisch gemahlener Pfeffer
½ MSP gemahlenes Piment

Den Spargel waschen, gründlich schälen, eventuell holzige Enden großzügig abschneiden. Spargel in dünne Scheiben schneiden, die Spitzen ganz lassen. Erdbeeren waschen, putzen und je nach Größe halbieren oder vierteln. Frühlingszwiebeln waschen, trockenschütteln, in feine Ringe schneiden. Die Pinienkerne in einer trockenen Pfanne (ohne Öl) hellbraun rösten. Aus Sahne, Essig und den Gewürzen mit dem Schneebesen eine schaumige Salatsauce schlagen. Spargelscheiben und Erdbeeren mit der Sauce mischen, einige schöne Erdbeeren zur Dekoration zurückbehalten. Den Salat auf Teller geben, mit den Spargelspitzen und den restlichen Erdbeeren dekorieren.

Tipp: Variieren können Sie, indem Sie Kapern oder grünen Pfeffer hinzufügen, statt der Pinien- Cashewkerne verwenden oder statt des weißen grünen Spargel oder beide Sorten nehmen.

Suppen

Wer kennt sie nicht, die obligate Spargelcremesuppe, mit oder ohne Spargelstückchen, gleichermaßen langweilig schmeckend. Dabei gibt es durchaus viele interessante Rezepte für Spargelsuppen. Eine kleine Auswahl finden Sie in diesem Kapitel. Kaufen Sie für Spargelsuppen den ungleich preiswerteren Bruch- oder Suppenspargel. Dabei darauf achten, dass auch genügend Spargelspitzen dabei sind.

Viva Italia – gelobte italienische Küche, die uns diese unvergleichlich samtige, zarte und doch sättigende Suppe beschert!

Spargelsuppe al Italia
Zubereitungszeit: ca. 60 Minuten

500 g grüner Spargel
2 EL Butter (oder Olivenöl)
50 g Rundkornreis
¾ l Gemüsebrühe (frisch oder aus Konzentrat aus dem Glas)
½ Bund glatte Petersilie
1 Prise geriebene Muskatnuss
1 Prise gemahlenes Piment
1 Prise Zimt
100 ml Sahne
100 g Crème double (alternativ Crème fraîche)
frisch gemahlener weißer Pfeffer
Salz
2 kleine Eier
3 – 4 EL frisch geriebener Parmesan

Spargel waschen, im unteren Drittel schälen, dabei die holzigen Stielenden abschneiden. In einer entsprechend großen Pfanne die Butter oder das Öl erhitzen, den Spargel hinzu geben, einmal wenden und zugedeckt etwa 10 Minuten bei milder Hitze nicht ganz weich dünsten. Mit einem Pfannenwender o. Ä. herausnehmen, die Spargelköpfe abschneiden, die Stangen in etwa 2 cm dünne Scheiben schneiden. Den Reis waschen, in die Gemüsebrühe schütten und etwa 20 Minuten köcheln lassen, bis er fast weich ist. Dann die Spargelscheiben zugeben und nochmals 10 Minuten köcheln, bis der Reis cremig ist. Die Petersilienblätter von den Stängeln zupfen, grob hacken. Die Suppe mit einem Pürierstab nur ganz grob pürieren. Muskat-, Piment- und Zimtpulver unterrühren. Sahne und Crème double einrühren. Mit Pfeffer und Salz abschmecken; etwas von der Suppe in ein kleines Schüsselchen geben, mit den beiden Eiern und dem Käse verquirlen und wieder zur Suppe geben. Die Suppe jetzt nicht mehr kochen lassen. Die Spargelköpfe in vorgewärmte Suppenschalen legen, die Suppe darüber gießen und mit der gehackten Petersilie überstreuen.

Tipp: Frisch geröstetes Weißbrot, nach Wunsch mit einer Knoblauchzehe abgerieben, passt sehr gut zur Suppe.

Kerbelsüppchen mit Spargelspitzen
Zubereitungszeit: ca. 40 Minuten

250 g weißer Spargel
2 Schalotten
1 EL Butter
1 Bund Kerbel (ca. 100 g)
200 + 700 ml Gemüsebrühe (oder Spargelbrühe)
1 EL feines Dinkelmehl
100 + 100 ml Sahne
1 Eigelb
Pfeffer
Salz
1 Schuss Noilly Prat (trockener franz. Wermut)
2 EL geschlagene Sahne

Spargel waschen, schälen, dabei die holzigen Endstücke abschneiden. Spargel in Stücke schneiden, die Spargelspitzen beiseite legen. In etwas kochendem Wasser nicht zu weich dünsten (10 –15 Minuten). Die Schalotten schälen, fein hacken, in der Butter hellgelb dünsten. Die Kerbelblättchen von den Stielen zupfen, einen TL davon beiseite legen, den Rest ganz kurz mitdünsten, sofort vom Herd nehmen und 200 ml kalte Brühe angießen. Im Mixer oder mit einem Pürierstab fein mixen. Die restliche Brühe zum Kochen bringen, das Dinkelmehl und 100 ml Sahne einrühren, knapp 15 Minuten kochen lassen. Die restliche Sahne und das Eigelb zum Kerbelpüree geben, unterrühren. Die Spargelstücke in die Brühe geben, unterrühren. Das Kerbelpüree dazugeben, mit Pfeffer, Salz und dem Wermut kräftig abschmecken, die Suppe bis kurz vor dem Siedepunkt erhitzen (nicht kochen lassen, sonst gerinnt das Eigelb!).

Die Spargelspitzen in vorgewärmte Teller legen, die Suppe hinzugeben, mit etwas Schlagsahne und einigen zurückbehaltenen Kerbelblättchen garnieren.

Tipp: Diese Suppe ist sehr delikat und äußerst reich an Vitaminen und Mineralstoffen. Sie lässt sich gut vorbereiten und ist für Spargelfans ein absolutes Muss!

Orangen-Spargelcremesuppe
Zubereitungszeit: ca. 45 Minuten

500 g Spargel (auch Bruchspargel)
750 ml Gemüsebrühe
50 g Butter
40 g feines Dinkelmehl
2 Eigelb
2 EL Weißwein, halbtrocken
250 ml Sahne
frisch gemahlener weißer Pfeffer
frisch geriebene Muskatnuss
1 TL Honig nach Belieben
Saft und abgeriebene Schale einer Orange

Spargel waschen, schälen, das untere holzige Ende großzügig abschneiden. In Stücke schneiden, dabei die Spargelköpfe aufbewahren. Die Spargelstücke in der Gemüsebrühe in knapp 20 Minuten nicht zu weich kochen. Spargel abgießen, dabei die Brühe aufbewahren. In einem Topf die Butter erhitzen, das Mehl zugeben und unter Rühren 2 Minuten anrösten, dann mit der Gemüsebrühe ablöschen. Unter ständigem Rühren 5 Minuten kochen. Eigelb, Weißwein und Sahne verquirlen und in die Suppe rühren, die jetzt nicht mehr kochen darf, da sonst das Eigelb gerinnt. Die Suppe mit den restlichen Zutaten abschmecken, die Spargelstücke und die Spitzen in die Suppe geben und darin warm werden lassen, eventuell noch einmal kurz erhitzen. Die Suppe möglichst in vorgewärmten Suppentassen oder -tellern servieren.

Tipp: Etwas geschlagene Sahne, mit Curry kräftig gewürzt, als Häubchen auf die Suppe setzen und mit ein paar gehackten, gerösteten Kürbiskernen bestreuen. Das sieht toll aus und schmeckt super lecker! Diese gehaltvolle, köstliche Suppe eignet sich als kleine Abendmahlzeit oder auch als Hauptgang mit einem kleinen Salat vorweg und einem leckeren Dessert. Auch als »Mitternachtssuppe« ist sie ein Knüller!

Ob grüner oder weißer Spargel, von Aroma und Farbe her ein Gedicht:

Zucchinicremesuppe mit Spargel
Zubereitungszeit: ca. 45 Minuten

500 g Spargel
2 Zwiebel
1 Knoblauchzehe
300 g Zucchini
2 EL Butter
2 EL fein gemahlenes Mehl
1 EL Gemüsebrühe
½ Bund glatte Petersilie
100 ml Sahne
2 – 3 EL Weißwein (nach Belieben)
etwas frischen Kerbel
Salz
frisch gemahlener Pfeffer

Spargel waschen, sorgfältig schälen (bei grünem Spargel nur im unteren Drittel) und die holzigen Enden großzügig abschneiden. In 3 – 4 cm große Stücke schneiden und in einem knappen Liter Wasser in etwa 20 Minuten weich kochen.

Zwiebeln pellen, fein schneiden, Knoblauchzehe schälen und durch die Knoblauchpresse drücken. Die Zucchini putzen, waschen und fein raspeln. Butter in einem Topf erwärmen, Zwiebeln und Knoblauch andünsten. Wenn die Zwiebeln hellgelb sind, die Zucchiniraspel zufügen, mitandünsten. Das Mehl einrühren, kurz anrösten und vom Herd ziehen.

Die Spargel abschütten, dabei das Kochwasser aufheben. Gemüsebrühe zufügen, umrühren und mit dieser Brühe die Zucchinimischung ablöschen. Die Suppe unter Rühren aufkochen lassen. Die Petersilie kurz waschen, trockenschütteln, Blättchen von den Stielen zupfen und mit den restlichen Zutaten in die Suppe geben. Die Suppe pürieren, mit Salz und Pfeffer abschmecken. Die Spargelstücke in die Suppe geben und kurz darin erwärmen. Die Suppe auf vorgewärmten Tellern servieren.

Tipp: Wenn in Ihrem Garten schon der Borretsch blüht, nehmen Sie einige Blüten davon als Dekoration für diese leckere, samtige Suppe.
Eine aufregend indische Note bekommt die Suppe, wenn Sie einen gestrichenen Teelöffel Curry mit den Zwiebeln zusammen erhitzen.

Grüne Spargelcremesuppe
Zubereitungszeit: ca. 35 Minuten

1 kg grüner Spargel
20 g Butter
20 g Mehl
½ TL Curry
1 kleines Stück Ingwerwurzel (etwa daumenlang)
100 + 50 g Sahne
Salz
frisch gemahlener Pfeffer
1 – 2 TL Limettensaft
½ Bund glatte Petersilie

Spargel waschen, im unteren Drittel schälen, dabei die holzigen Endstücke abschneiden. Spargel in Stücke schneiden, die Spargelspitzen beiseite legen, in etwas kochendem Wasser weich dünsten. Etwa ein Drittel des Spargels mit einem Schaumlöffel aus der Brühe heben und beiseite stellen. Denn restlichen Spargel in der Brühe pürieren.

Die Butter in einem Topf erhitzen, das Mehl einrühren, das Currypulver dazugeben, etwas anschwitzen lassen. Mit der Spargelbrühe ablöschen. Die Ingwerwurzel schälen und fein reiben, in die Brühe geben. 100 g Sahne, Salz und Pfeffer sowie die zurückbehaltenen Spargelstücke unterrühren, mit Limettensaft abschmecken. Die Petersilie kurz waschen, trockenschütteln, Blättchen von den Stielen zupfen und fein hacken. Die restliche Sahne steif schlagen. Die Suppe in vorgewärmte Teller füllen, mit einem Sahnehäubchen garnieren, mit der gehackten Petersilie überstreuen.

Spargelcremesuppe mit Avocado
Zubereitungszeit: ca. 45 Minuten

700 g grüner Spargel
50 g fein gemahlener Dinkel
2 EL Gemüsebrühe
2 – 3 Avocados (à 200 g)
4 EL Crème fraîche
2 EL Limettensaft
20 g Butter
1 Hand voll Sauerampferblätter
weißer Pfeffer
etwas Estragon
einige Gänseblümchen
eine Löwenzahnblüte

Den Spargel waschen, das untere Drittel schälen und die holzigen Enden abschneiden, mit Wasser bedeckt in einem Topf aufkochen und etwa 20 Minuten köcheln lassen. Die Spargel in Stücke schneiden, die Spitzen beiseite legen. Die Spargelbrühe abschütten und auf 1,7 l auffüllen, Dinkel einrühren, Brühe dazu und unter Rühren aufkochen, die Spargelstücke dazu und 5 – 7 Minuten köcheln lassen, dann die Spitzen dazugeben. Die Avocados je nach Sorte schälen oder aushöhlen, mit Crème fraîche und Limettensaft pürieren. Butter, Sauerampfer und Gewürze zur Suppe geben, das Avocadopüree unterrühren und die Suppe von der Wärmequelle ziehen, sie darf nicht mehr kochen. Die Suppe abschmecken, auf vorgewärmte Teller verteilen und mit den Blütenblättern dekorieren.

Spargel-Mascarpone-Suppe
Zubereitungszeit: ca. 25 Minuten

500 g grüner Spargel
800 ml Gemüsebrühe
200 g Mascarpone
1 – 2 TL Püree aus getrockneten Tomaten in Öl
Salz
frisch gemahlener Pfeffer
je eine Prise gemahlener Macis und Piment
1 TL (Kastanien-)Honig
1 – 2 EL Limettensaft
etwas Limettenschale

Spargel nur im unteren Drittel schälen (bei ganz dünnen Stangen ist auch das überflüssig, das holzige Ende muß trotzdem ab), in Stücke schneiden, in der erhitzen Gemüsebrühe etwa 10 Minuten bei milder Hitze garen. Mit einem Schaumlöffel herausnehmen, auf einen Teller legen. Mascarpone, Tomatenpüree und die Gewürze hinzugeben, etwas einkochen lassen, abschmecken. Die Spargelstücke wieder in die Brühe geben, kurz erwärmen. Möglichst in vorgewärmten Tellern servieren.

Tipp: Dazu schmeckt ein Prosecco, ein leichter Weißwein und knuspriges Ciabattabrot, ersatzweise ein frisches Baguette.

Mit Pasta

Nudeln und Spargel, eher langweilig – dachte ich früher. Als ich aber dann die duftende Spargel-Lasagne auf dem Tisch stehen hatte und die Augen meiner Testesser immer größer wurden, von den Nasenlöchern wegen des köstlichen Geruchs ganz zu schweigen – revidierte ich mein Urteil: Spargel verträgt sich hervorragend mit allen Arten von Pasta.

Und Sie haben eine wunderschöne Möglichkeit, mit Farben zu spielen: grüne Nudeln zu weißem Spargel mit den herrlichen getrockneten knallroten Tomaten. Weiße Nudeln mit grünem Spargel und knallgrünen Erbsen und samtbraunen Pilzen und so weiter.

Nudeln und Spargel aus der Pfanne
Zubereitungszeit: ca. 40 Minuten

800 g grüner Spargel
Salz
300 g Nudeln nach Wahl
2 – 3 EL Kürbiskerne
1 Bund Frühlingszwiebeln
1 EL Butter
200 ml Sahne
frisch gemahlener schwarzer Pfeffer
100 g grob geriebener Gouda o. Ä.
½ Bund glatte Petersilie

Den Spargel waschen, im unteren Drittel schälen, die holzigen Enden abschneiden, Spargelstangen in 4 – 5 cm lange Stücke schneiden. In kochendem Salzwasser in ca. 15 Minuten nicht zu weich kochen. Mit einem Schaumlöffel aus dem Wasser heben; das Wasser wieder erhitzen und darin die Nudeln nach Packungsanweisung garen. Die Kürbiskerne in einer trockenen Pfanne rösten und beiseite stellen. Die Frühlingszwiebeln schräg in Scheiben schneiden. Die Butter in einer Pfanne erwärmen, die Zwiebeln darin bissfest dünsten (5 Minuten). Die Sahne unterrühren. Die Spargelstücke und die abgeschütteten Nudeln dazugeben, mit Salz und Pfeffer abschmecken. Die Kürbiskerne und den Käse darüber streuen, einen passenden Deckel auflegen und den Käse schmelzen lassen. Die Petersilienblättchen von den Zwiebeln zupfen, grob hacken und über das fertige Gericht streuen.

Tipp: Den Käse können Sie auch zum Essen dazu stellen, dann kann jeder Essensteilnehmer so viel Käse nehmen, wie er mag.

Pasta und Spargel in Senfcremesauce
Zubereitungszeit: ca. 40 Minuten

700 g grüner Spargel
Salz
200 g Frischkäse
2 – 3 EL Limettensaft
1 EL Apfelessig
je 2 EL fein gehackte Petersilie und Dill
1 – 2 EL mittelscharfer Senf
frisch gemahlener Pfeffer
300 g Nudeln nach Wahl
1 hart gekochtes Ei, fein gehackt
1 – 2 EL Kapern

Den Spargel waschen, im unteren Drittel schälen, die holzigen Enden abschneiden, Spargelstangen in 4 – 5 cm lange Stücke schneiden. In kochendem Salzwasser in ca. 15 Minuten nicht zu weich kochen, abschütten, das Wasser für die Nudeln aufbewahren. In der Zwischenzeit den Frischkäse mit Limettensaft und Apfelessig glatt rühren. Die Kräuter unterrühren, die Creme mit Senf, Salz und Pfeffer abschmecken. Die Nudeln im Spargelkochwasser bissfest kochen. Eine ausreichend große Schüssel vorwärmen (im Backofen oder mit heißem Wasser) Nudeln und Spargel mischen, die Sauce unterrühren und gut vermischen und in die Schüssel füllen. Mit dem gehackten gekochten Ei und den Kapern dekorieren.

Herzhafte Spargellasagne
Zubereitungszeit: ca. 75 Minuten

500 g weißer Spargel
500 g grüner Spargel
etwas + 60 g Butter
Salz
50 g Dinkelmehl (ersatzweise Weizenmehl)
200 ml Sahne
150 g Blauschimmelkäse
1 TL Honig (nach Belieben)
1 TL Limettensaft
1 TL Gemüsebrühe (Konzentrat)
Pfeffer
frisch geriebene Muskatnuss
1 TL Estragon
150 g gehackte Mandeln
1 Paket Lasagneplatten (vorgekocht)

Spargel waschen und putzen, das untere Drittel des grünen Spargels schälen, die holzigen Enden abschneiden, den weißen Spargel, wie gewohnt, ganz schälen, die holzigen Enden abschneiden, beide Sorten in etwa 8 cm lange Stücke schneiden. Wasser mit etwas Butter und 1 Prise Salz aufkochen, Spargelstücke darin 15 – 20 Minuten garen, je nach Dicke der Stangen. Beim Abgießen des Spargels das Kochwasser auffangen.

Die Butter in einem Topf erhitzen, das Mehl darin anschwitzen, etwa 700 ml Spargelkochwasser und die Sahne dazugeben und gut verrühren. Den in kleinere Stücke geschnittenen Käse zufügen und schmelzen lassen. Honig, Limettensaft und die Gemüsebrühe unterrühren. Die Käsecreme mit den Gewürzen abschmecken; die Mandeln ohne Fettzugabe in einer Pfanne oder einem schweren Topf unter Rühren hellbraun rösten.

Den Backofen auf 200 °C vorheizen. In eine ofenfeste Form ein Drittel Spargel einfüllen, darauf ein Drittel der Mandeln und etwas Sauce. Darauf Lasagneblätter geben, wieder ein Drittel Spargel und so weiter. Auf die Abschlussschicht Lasagneplatten nur noch Käsecreme geben. Die Form in den Backofen stellen und in ca. 30 Minuten goldbraun überbacken (nach 20 Minuten den Herd ausschalten!).

Tipp: Sie können natürlich auch alle anderen Käsesorten, die Sie bevorzugen, für die Käsecreme nehmen. Auch unter den Blauschimmelkäsesorten gibt es ja diverse Geschmacksvarianten – von sehr herzhaft bis ganz mild.
Ein Schuss trockener Weißwein oder Noilly Prat gibt der Käsesauce eine wunderbar aromatische Geschmacksnuance.

Eierbandnudeln mit Pilzen und Spargel
Zubereitungszeit: ca. 45 Minuten

500 g grüner Spargel
1 Zwiebel
3 – 4 EL Olivenöl
100 g Shiitakepilze
1 – 2 Knoblauchzehen
frisch gemahlener schwarzer Pfeffer
Salz
300 g Eierbandnudeln
60 g Parmesankäse, frisch gerieben
½ Bund Basilikum

Den Spargel waschen, im unteren Drittel schälen, die holzigen Enden abschneiden, Spargelstangen in 4 – 5 cm lange Stücke schneiden. Die Zwiebel schälen und fein hacken. Das Olivenöl in einer großen, schweren Pfanne erhitzen, die Zwiebel darin in etwa 5 Minuten glasig dünsten. Die Pilze putzen, die Stiele abschneiden, Pilze halbieren oder in Scheiben schneiden, je nach Größe. Knoblauch schälen, fein hacken. Pilze und Knoblauch zu den Zwiebeln geben, in etwa 5 Minuten weich dünsten (nicht braten, der Knoblauch würde sonst braun und somit bitter). Die Spargelstücke zufügen, weitere 5 – 6 Minuten garen, bis der Spargel weich ist (Deckel auflegen). Mit Pfeffer und Salz abschmecken. In der Zwischenzeit die Nudeln in etwas Salzwasser nach Packungsanweisung bissfest kochen. Abgießen und in die Pfanne zu den Pilzen geben. Den Käse unterrühren und alles gut mischen. Die Nudeln mit dem Gemüse auf eine vorgewärmte Platte schichten, mit den Basilikumblättern dekorieren.

Tipp: Dazu ein frischer Salat und etwas knusprig getoastetes Vollkornbaguette – super lecker!

Aus dem Ofen

Spargelgerichte aus dem Ofen sind besonders praktisch und lecker dazu: Sie sind sehr gut vorzubereiten, also ideal, wenn Sie ein mehrgängiges Menü planen oder nicht lange in der Küche stehen wollen, wenn Ihre Gäste schon da sind. Stellen Sie sich vor, Sie veranstalten einen Spieleabend, egal ob es Skat, Doppelkopf oder Wissensspiele sind; zwischendurch stehen Sie nur kurz auf, stellen Ihre vorbereitete Überraschung in den Ofen und sind gleich wieder da um zu prüfen, ob Ihnen auch niemand in die Karten geschaut hat ...

Auch für das kalt-warme Büfett sind die Kuchen, Tartes und Quiches gut vorzubereiten. Und Ihre Kochplatte bleibt für Saucen oder andere Beilagen frei.

Exklusiv und einfach zuzubereiten:

Gemüse von grünem und weißem Spargel an Käsemousse

Zubereitungszeit: ca. 60 Minuten

500 g weißer Spargel (dünne Stangen)
500 g grüner Spargel
3 Eier
50 g weiche Butter
1 EL Crème fraîche
1 EL saure Sahne
100 g fein geriebener Käse
50 g fein gemahlenes Dinkelmehl
Salz
Pfeffer
frisch geriebener Muskat
3 EL bestes Olivenöl
1 TL Balsamicoessig
1 TL milder Senf
1 Frühlingszwiebel
1 Knoblauchzehe

Den Ofen auf 160 °C vorheizen. Die Eier trennen, Eiweiß in den Kühlschrank stellen. Für die Mousse Eigelb und Butter mit den Quirlen eines Handrührgerätes schaumig schlagen. Crème fraîche, Sahne, Käse und Mehl verrühren, unter die Creme rühren. Mit Salz, Pfeffer und Muskat abschmecken. Die Eiweiße steif schlagen und mit einem Schneebesen oder Teigschaber unter die Creme ziehen. In eingefettete (Butter) Förmchen oder kleine Tassen füllen, dabei einen Rand von mindestens 1,5 cm lassen. Alufolie zu kleinen Hauben formen, die Creme damit abdecken, die Formen in eine mit heißem Wasser gefüllte Saftpfanne oder Auflaufform stellen (dabei müssen die Formen etwa zu zwei Drittel im Wasser stehen). Im vorgeheizten Ofen bei 150 – 170 °C etwa 40 Minuten garen.

Beide Spargelsorten waschen, beim grünen Spargel nur das untere Drittel schälen, den weißen Spargel sorgfältig von der Spitze her schälen, die holzigen Enden abschneiden. Den Spargel in 3 cm lange Stücke schneiden, in einen Topf mit leicht gesalzenem Wasser legen, so dass die Stücke gerade bedeckt sind und in 10 – 12 Minuten weich kochen. Abschütten, dabei etwas von der Spargelbrühe aufheben. Das Olivenöl mit Essig, Senf und 2 – 3 EL heißer Spargelbrühe gut vermischen, mit Salz und Pfeffer abschmecken. Die Frühlingszwiebel schräg in feine Scheiben schneiden, den Knoblauch pellen und fein hacken, beides zur Marinade geben. Den Spargel auf vier Teller verteilen, mit der Marinade beträufeln, die Käsemousse dazugeben und gleich servieren.

Tipp: Das ist ein feines kleines Sonntagsmittagsessen (wann immer für Sie Sonntag ist) und kann mit einem frischen grünen Salat mit viel Frühlingskräutern zu einem Lieblingsspargelessen werden!

Zugegeben, das folgende Rezept ist ein bisschen aufwändig; das Resultat ist jedoch absolut aufregend!

Biskuitrolle mit Spargel-Erbsen-Füllung
Zubereitungszeit: ca. 90 Minuten (ohne Kühlzeit)
Für etwa 8 Portionen

400 g grüne Spargel
250 g TK-Erbsen
Salz
4 Eier
1 Eigelb
125 g fein gemahlenes Dinkelmehl
1 MSP gemahlener Koriander
300 g Frischkäse
150 g Crème fraîche
1 EL trockener Sherry (ersatzweise 1 EL Gemüsebrühe)
100 g Edelpilzkäse (z. B. Gorgonzola)
80 g frisch geriebener Parmesan
160 g Sahne
1 rote Paprikaschote
50 g Cashewkerne
einige frische Kerbelblättchen

Ein entsprechend großes Stück Backpapier (35 × 25 cm) auf ein Backblech legen.

Den Spargel waschen, im unteren Drittel schälen, die holzigen Enden abschneiden. In 2 – 3 cm große Stücke schneiden und in wenig kochendem, leicht gesalzenem Wasser in etwa 15 Minuten weich kochen, beim Abschütten etwas von der Kochflüssigkeit übrig behalten. Die tiefgekühlten Erbsen zum Auftauen in eine Schüssel geben. Den Ofen auf 200 °C vorheizen.

Für den Biskuit die Eier trennen. Die Eiweiße mit ¼ TL Salz sehr steif schlagen. Alle Eigelbe in einer Schüssel mit 2 EL warmem Wasser zu einer dicklichen Creme rühren. Eiweißschaum darauf gleiten lassen. Das Mehl mit dem Koriander vermischen, auf dem Eiweiß verstreuen und alles mit einem Spatel oder Schneebesen vorsichtig unterheben. Den Teig mit dem Spatel gleichmäßig auf das Backpapier streichen. Auf der mittleren Schiene im Backofen in knapp 12 Minuten goldgelb backen (die Mitte sollte trocken, die Ränder noch ein wenig feucht sein).

In der Zwischenzeit ein etwas größeres Stück Backpapier auf die Arbeitsfläche legen. Die fertig gebackene Biskuitplatte an den Rändern vorsichtig vom Blech lösen, mitsamt dem Backblech auf die Arbeitsfläche legen und mit dem Blech bedeckt abkühlen lassen.

Frischkäse und Crème fraîche mit dem Sherry und etwas Spargelflüssigkeit zu einer dicken Creme verrühren, mit Salz abschmecken. Den Edelpilzkäse mit einer Gabel zerdrücken, dabei eventuell harte Ränder abschneiden. Zusammen mit dem Parmesan zur Käsecreme geben und unterrühren. Die Sahne steif schlagen, unter die Creme heben, kühl stellen.

Die Paprikaschote waschen, halbieren, entkernen, in feine Streifen und dann in kleine Würfel schneiden. Mit Spargel und Erbsen vermischen.

Das Blech vom Biskuit abnehmen und das Papier vorsichtig abziehen. Die Käsecreme bis auf 3 EL gleichmäßig auf dem Biskuit verstreichen, dabei am Längsrand gut 2 cm aussparen. Das Gemüse darauf verteilen, leicht andrücken. Den Biskuit mit Hilfe des Backpapiers von der Arbeitsfläche zu einer Rolle formen und mit der Nahtstelle auf eine Platte schieben. Die restliche Käsecreme ringsherum auf der Rolle verstreichen. Mit einer Abdeckhaube oder Alufolie locker abdecken und mindestens 5 bis 8 Stunden im Kühlschrank ruhen lassen.

Die Cashewkerne in einer Pfanne bei milder Hitze goldgelb rösten, auskühlen lassen und fein hacken. Kurz vor dem Servieren auf der Rolle verteilen, mit Kerbelblättchen garnieren.

Schnell und lecker!

Knusprig überbackener Spargel
Zubereitungszeit: ca. 25 Minuten

1 kg (grüner) Spargel
Salz
1 + 1 TL Butter
2 EL Limettensaft
150 g Gorgonzola
1 Tomate
frisch gemahlener schwarzer Pfeffer
1 EL glatte Petersilie, gehackt

Spargel waschen, im unteren Drittel schälen. Salzwasser mit Butter und Limettensaft erhitzen, Spargel darin 10 – 12 Minuten garen. Gorgonzola in Scheiben schneiden oder würfeln. Backofen auf 200 °C vorheizen. Spargel abgießen, auf eine feuerfeste Platte legen, die Spargelspitzen und -enden mit dem Käse belegen, ca. 4 Minuten überbacken, bis der Käse geschmolzen ist.
Tomate in kleine Würfel schneiden, ohne Kerne mit Butter in einer Pfanne kurz andünsten, mit Salz und Pfeffer abschmecken, die Petersilie dazugeben, einmal umrühren, auf dem Spargel verteilen.

Tipp: Dazu passt frisches Ciabattabrot (mit Oliven oder getrockneten Tomaten besonders köstlich) oder ein knuspriges Baguette. Wenn Ihnen der Edelpilzkäse zu scharf ist, pürieren Sie ihn mit etwas Schmand oder (kalorienreicher) mit Crème fraîche und streichen diese Creme über die Spargelspitzen.

Spargel mit Mais und Käse
Zubereitungszeit: ca. 50 Minuten

800 g weißer Spargel
Salz
30 g Butter
30 g (Dinkel-)Mehl
150 ml Gemüsebrühe
¼ l Milch
3 EL Crème fraîche
100 g geriebener Gruyère
frisch gemahlener Pfeffer
½ MSP frisch geriebene Muskatnuss
250 g Zuckermais (Konserve)

Den Spargel waschen, gründlich schälen, die holzigen Enden abschneiden. In Salzwasser etwa 15 Minuten kochen. Die Butter in einem Topf zerlassen, das Mehl mit einem Kochlöffel einrühren und kurz anschwitzen lassen. Mit der Gemüsebrühe und der Milch ablöschen, etwa 10 Minuten kochen lassen. Dabei mit einem Schneebesen immer wieder umrühren, damit sich nichts am Topfboden absetzt und sich keine Klümpchen bilden. Dann die Crème fraîche und die Hälfte vom Käse unterrühren, mit Salz, Pfeffer und der Muskatnuss abschmecken. Den Ofen auf 175 °C vorheizen, eine flache Auflaufform mit etwas Butter einfetten. Den Spargel in mundgerechte Stücke schneiden und mit den Maiskörnern mischen. In die Form füllen und mit der Béchamelsauce übergießen. Den restlichen Käse darüber streuen und im Ofen etwa 25 Minuten überbacken.

Kuchen mit Spargel und Shiitakepilzen

Zubereitungszeit: ca. 60 Minuten

Für 4 – 6 Portionen

für den Quark-Öl-Teig:

3 EL Sonnenblumenöl
140 g Quark (gut abgetropft)
1 TL Backpulver
200 g fein gemahlenes (Dinkel-)Mehl
1 MSP Salz
etwas Butter für die Form

für den Belag:

300 g weißer Spargel
500 g grüner Spargel
½ TL Agavendicksaft (ersatzweise 1 TL Vollrohrzucker)
2 EL Weißwein (nach Belieben)
300 – 500 g Shiitakepilze
1 EL Sonnenblumen- oder Maiskeimöl
Salz
3 – 4 Eier je nach Größe
250 ml Sahne
1 Prise frisch geriebene Muskatnuss
frisch gemahlener Pfeffer
1 MSP Estragon (noch besser: 2 – 3 frische Estragonblätter,
   in Streifen geschnitten)
1 – 2 EL Mandelblättchen

Das Öl mit dem Quark gut verrühren, das mit dem Backpulver vermischte Mehl und Salz nach Geschmack hinzufügen und gut verkneten. Eine Kuchenform (28 cm Durchmesser) mit etwas Butter ausfetten, den Teig ausrollen, in die Form geben, dabei einen Rand von etwa 2 cm Höhe ausformen. Den Teigboden mit einer Gabel mehrmals einstechen (dann bilden sich keine Blasen und der Teigboden bleibt glatt). Im vorgeheizten Backofen bei 200 °C etwa 6 – 8 Minuten vorbacken.

Spargel waschen und putzen, das untere Drittel des grünen Spargels schälen, den weißen Spargel, wie gewohnt, ganz schälen, in etwa 4 cm lange Stücke schneiden. Wasser zum Kochen bringen, Agavensirup oder Zucker und den Wein zufügen, den Spargel darin in knapp 10 Minuten bissfest kochen. Abschütten und abtropfen lassen.

Die Pilze putzen, das heißt mit einer Pilzputzbürste oder einem Tuch – wenn nötig – abreiben, die Stiele abschneiden, die Pilze in Scheiben schneiden. Im heißen Öl etwa 10 Minuten braten (mit einem spitzen Messer prüfen, ob die Pilze nach dieser Zeit weich sind), mit Salz abschmecken. Mit den Spargelstücken vermischen und auf dem Teigboden verteilen.

Die Eier mit der Sahne und den Gewürzen mit einem Schneebesen kräftig verrühren, über das Gemüse gießen, mit den Mandelblättchen bestreuen. Den Kuchen bei 200 °C etwa 20 Minuten backen, eventuell gegen Ende der Kochzeit mit Alufolie abdecken.

Ein frischer Frühlingssalat mit vielen Wildkräutern rundet dieses feine kleine Essen ab!

Tipp: Wenn die Pilze fertig gebraten sind, das Öl also völlig aufgebraucht ist, mit »einem Schuss« Noilly Prat (oder Sherry) ablöschen, der Geschmack der Pilze wird unvergleichlich gut – das geht auch prima bei Champignons oder Austernpilzen!

Gut geeignet für ein kalt-warmes Büfett!

Quiche mit weißem und grünem Spargel
Zubereitungszeit: ca. 40 Minuten (ohne Kühlzeit)

250 g Dinkel- oder Weizenmehl
130 g kalte Butter + Butter für die Form
1 Ei
Salz
500 g weißer Spargel
500 g grüner Spargel
2 Eier
1 MSP gemahlener Macis
1 MSP gemahlenes Piment
100 g Crème fraîche
150 g Schmand (ersatzweise saure Sahne)
frisch geriebener schwarzer Pfeffer
100 g geriebener Käse (z. B. Bergkäse)

Für die Quiche das Mehl mit der gewürfelten kalten Butter, dem Ei und etwas Salz zu einem glatten Teig kneten, mit der Hand flach ausdrücken. Den Boden einer Quiche- oder Springform ganz dünn mit Butter einpinseln. Den Teig darauf legen, ein ausreichend großes Stück Klarsichtfolie auflegen und den Teig etwas über den Rand hinaus ausrollen. Dann den Rand an den Seiten leicht festdrücken und den mit der Folie bedeckten Teig für 30 Minuten in den Kühlschrank stellen. (Dieses Procedere erspart das spätere Ausrollen der nach 30 Minuten Kühlzeit hart gewordenen Teigkugel!)
Den Spargel waschen, den weißen Spargel gründlich schälen, die unteren holzigen Enden abschneiden. Den grünen Spargel nur im unteren Drittel schälen, Enden abschneiden. Den weißen Spargel etwa 8 Minuten in kochendem Salzwasser garen,

den grünen Spargel nur 5 Minuten. Abschütten und auskühlen lassen. Die Eier mit dem Macis, Piment, der Crème fraîche und dem Schmand mit einem Schneebesen gut verrühren. Mit Salz und Pfeffer abschmecken. Die Hälfte vom geriebenen Käse unterrühren. Den Backofen auf 180 °C vorheizen.

Die Spargelstangen sternförmig auf dem Teigboden verteilen (die Quiche lässt sich auf diese Weise besser in Tortenstücke teilen). Die Eiercreme gleichmäßig darauf verteilen und glatt streichen. Den restlichen Käse auf der Creme verteilen und die Form im vorgeheizten Backofen etwa 45 Minuten backen, eventuell mit Alufolie abdecken, damit die Füllung nicht zu dunkel wird.

Nach dem Backen die Quiche noch etwa 10 Minuten ruhen lassen, dann lässt sie sich besser schneiden. Sie schmeckt auch lauwarm sehr gut und lässt sich sogar kalt genießen.

Tipp: Für Optik und Geschmack empfehle ich hierzu die fruchtige Tomatensauce aus dem Saucenkapitel. Ein bunter Salat macht aus dem leckeren Kuchen eine feine kleine Mittags- oder Abendmahlzeit.

Lässt sich gut vorbereiten und ist eine Bereicherung für jedes Büfett oder für die Gästebewirtung.

Saftiger Strudel mit weißem und grünem Spargel

Zubereitungszeit: ca. 75 Minuten (ohne Ruhezeit)
Für ca. 6 Portionen

250 g (Dinkel-)Mehl (fein gemahlen)
30 ml Sonnenblumen- oder Distelöl
Salz
500 g grüner Spargel
500 g weißer Spargel
100 g Butter
1 TL Honig
2 – 3 Tomaten
250 g Tofu
2 EL Sonnenblumenöl
1 EL Sojasauce
1 TL Currypulver
frisch gemahlener schwarzer Pfeffer
500 g Hüttenkäse
2 Eier
100 g geriebener Käse
1 Hand voll frische Kräuter (Estragon, Kerbel, Petersilie etc.)

Das Mehl mit dem Sonnenblumenöl und einer Prise Salz zu einem elastischen Teig kneten. Wenn der Teig zu klebrig ist, geben Sie noch ein wenig Mehl dazu. Der Teig sollte sich zum Schluss glatt und weich anfühlen (nach etwa 10 Minuten!). Umhüllen Sie ihn mit einer Klarsichtfolie, decken eine Schüssel darüber und lassen ihn bei Zimmertemperatur mindestens

40 Minuten ruhen. Den Spargel waschen, den grünen Spargel nur im unteren Drittel schälen und eventuell holzige Stielenden abschneiden. Den weißen Spargel gründlich von der Spitze her nach unten schälen, holzige Enden großzügig abschneiden. Beide Sorten in etwa 4 cm lange Stücke schneiden. Die Butter in einem Topf erhitzen, den Honig und ½ TL Salz hinzufügen, die Spargelstücke darin bei mittlerer Hitze etwa 6 – 8 Minuten andünsten (dabei öfter umrühren, vorsichtig, damit die zarten Spargelköpfe nicht beschädigt werden). Den Spargel abtropfen lassen, dabei die Flüssigkeit auffangen.

Die Tomaten häuten (dazu in siedendem Wasser je nach Reifegrad 2 – 4 Minuten ziehen lassen, danach gleich mit sehr kaltem Wasser abschrecken und die Haut mit einem spitzen Messer abziehen), entkernen, würfeln und dabei den Stielansatz großzügig herausschneiden. Alternativ dazu können Sie auch bereits gehäutete und/oder schon gewürfelte Tomaten aus dem Glas nehmen.

Den Tofu in kleine Würfel schneiden, in heißem Öl hellbraun anbraten, dabei die Würfel mit einem Pfannenwender öfter vorsichtig umdrehen. Sojasauce und Currypulver zufügen und noch 1 – 2 Minuten schmurgeln lassen, sparsam salzen – eventuell ist die Sojasauce schon salzig – und Pfeffer darüber mahlen. Die Tomatenwürfel zufügen und nochmals 2 – 3 Minuten schmurgeln. Diese Mischung etwas abkühlen lassen, danach mit dem Hüttenkäse, der Spargelkochflüssigkeit und den Eiern vermischen und kräftig abschmecken.

Auf der Arbeitsfläche ein Geschirrhandtuch ausbreiten und leicht mit Mehl bestäuben. Den Strudelteig darauf zu einer Größe von etwa 50 × 40 cm ausrollen. Nehmen Sie immer ein wenig Mehl auf die Rolle, damit der Teig nicht daran kleben bleibt. Und haben Sie Geduld beim Ausrollen; der elastische Teig schnurrt am Anfang immer wieder zurück – irgendwann gibt er auf und Sie erreichen die angegebene Größe! bitte umblättern

Den Backofen auf 200 °C vorheizen, das Backblech mit Backpapier belegen.

Käse und gehackte Kräuter mischen und über die ausgerollte Teigplatte streuen. Lassen Sie dabei einen Rand ringsherum von etwa 2 cm. Die Tofu-Käse-Mischung auf dem Teig gleichmäßig verteilen; die Spargelstücke quer zur »Ausrollrichtung« legen. (Wenn die Spargelstücke kreuz und quer liegen, besteht die Gefahr, dass Sie durch den Teig stechen. Außerdem lässt sich der Strudel später besser schneiden.) Nun die obere und untere Seite so einschlagen, dass sie jeweils die Mischung etwa 1 cm bedeckt. Den Strudel mit Hilfe des Handtuchs von der Längsseite her aufrollen, dabei das Handtuch leicht anheben. (Wenn der Teig relativ trocken ist, rolle ich ihn direkt auf einer bemehlten Arbeitsfläche aus, fülle ihn und rolle den Strudel mit beiden Händen auf, benötige also kein Handtuch.) Die Enden des Strudels fest zusammen drücken und seitlich unter den Strudel schieben, den Strudel mit der Nahtseite nach unten auf das mit Backpapier ausgelegte Blech legen, mit etwas weicher Butter bestreichen.

Im vorgeheizten Ofen 30 Minuten backen, eventuell nach 20 Minuten mit Alufolie abdecken. Den Strudel abkühlen lassen und erst dann mit einem Wellenschliffmesser in Stücke schneiden, noch besser mit einem elektrischen Messer.

Zugegeben, der Strudel ist etwas arbeitsaufwändig; das Ergebnis kann sich jedoch sehen (und schmecken) lassen. Nach etwas Übung merken Sie, wie einfach das Strudelmachen ist und dann werden Sie entdecken, wie praktisch diese Umhüllung ist für alle möglichen (Gemüse-)Reste, die sie haben. Das Gericht kann gut vorbereitet werden: dazu Teig und Füllung separat aufheben. Den Teig können Sie in doppelter oder dreifacher Menge vorbereiten und in Portionen zum Beispiel einfrieren. Im Kühlschrank hält er 4 – 5 Tage. Sie können diesen Teig auch für süße Füllungen verwenden.

Blätterteig-Spargel-Pizza
Zubereitungszeit: ca. 25 Minuten
(ohne Zubereitung Sauce Hollandaise)
Für 8 – 10 Portionen

1200 g weißer Spargel
Salz
1 Paket (Vollkorn-)Blätterteig
2 – 3 EL Kürbiskerne, in einer trockenen Pfanne geröstet
1 Portion Sauce Hollandaise (siehe Seite 130)
200 g Kräuterfrischkäse

Den Spargel waschen, gründlich schälen, die holzigen Enden abschneiden, in 4 – 6 cm lange Stücke schneiden. In Salzwasser etwa 15 Minuten kochen, abschütten und abkühlen lassen. Ein Backblech mit kaltem Wasser abspülen. Den Ofen auf 175 °C vorheizen. Die Blätterteigscheiben antauen lassen. Dann auf das Backblech legen, mit den Fingern etwas auseinander drücken, so dass die »Nahtstellen« der einzelnen Platten verbunden werden. Nun mit einer Kuchenrolle den Teig in Backblechgröße ausrollen. Die gerösteten Kürbiskerne auf dem Teigboden verteilen. Die abgekühlten Spargelstücke gleichmäßig darauf ausbreiten. Die Sauce Hollandaise mit dem Frischkäse verrühren, auf dem Spargel verstreichen. Im vorgeheizten Backofen 20 – 25 Minuten backen.

Tipp: Das ist ein echtes Blitzrezept! Die Sauce Hollandaise sollten Sie, wenn Sie sich die Arbeit schon machen, immer in doppelter oder in dreifacher Menge herstellen. Diese köstliche Sauce passt zu sämtlichen Gemüse- oder Kartoffelgerichten oder eignet sich, wie in diesem Rezept, sehr gut zum Überbacken.

Frühlingskuchen mit Spargel und Erbsen
Zubereitungszeit: ca. 75 Minuten (ohne Ruhezeit)
Für 4 – 5 Portionen

250 g Dinkelmehl
125 g kalte Butter in Flöckchen
Salz
1 – 2 EL sehr kaltes Wasser (evtl. mit Eiswürfeln gekühlt)
1 Ei
150 g Erbsen
  (TK-Ware, für frische Erbsen ca. 400 g Erbsenschoten)
750 g Spargel (hier geht auch Bruchspargel)
Hülsenfrüchte zum Blindbacken
3 sehr frische Eier
150 ml Sahne
1 TL Curry
frisch gemahlener Pfeffer
1 Eiweiß

Mit möglichst kühlen Händen das Mehl mit der Butter, dem Salz, Wasser und Ei zu einem Teig verkneten. Möglichst flach drücken (so lässt er sich später besser ausrollen) und in Klarsichtfolie im Kühlschrank mindestens eine Stunde ruhen lassen. Das ist wichtig, damit der Teig schön knusprig wird. Wenn Sie frische Erbsen verwenden, diese jetzt auspalen, TK-Erbsen auftauen lassen. Den Spargel waschen, schälen, eventuell harte Enden abschneiden. Dann in 5 cm große Stücke schneiden; in sprudelndem Salzwasser 6 – 8 Minuten kochen lassen. Abschütten und ganz kurz unter kaltem Wasser abschrecken.

Den Backofen auf 200 °C vorheizen; den Teig auf einer bemehlten Arbeitsfläche ausrollen auf eine Stärke von etwa 5 mm, passend für eine Quicheform von 26 cm ausradeln. In die Form legen, einen Rand hochdrücken und eventuell überstehende Teigstreifen abschneiden.

Das Pergamentpapier auf den Teigboden legen, die Hülsenfrüchte bis 1 cm unter den Rand auffüllen, den Kuchen 15 Minuten backen. Danach Hülsenfrüchte abschütten (für die nächste Quiche aufheben!) und das Papier langsam ablösen, den Teig etwas abkühlen lassen. Die Eier mit Sahne, Currypulver, Salz und Pfeffer kräftig verquirlen. Das Eiweiß steif schlagen und unterheben. Die Erbsen und die Spargelstücke auf dem Boden verteilen, mit der Eiersahne übergießen. Bei 200 °C etwa 35 – 40 Minuten überbacken, gegen Ende der Backzeit eventuell mit Alufolie abdecken, damit die Eiersahne nicht zu dunkel wird. Den Kuchen aus dem Backofen holen und etwas abkühlen lassen, lauwarm servieren.

Tipp: Ganz dünn gehobelte Scheiben von einem guten Pecorino oder Parmesan über das Gemüse gestreut ergibt einen ganz außergewöhnlich leckeren Geschmack.

Käsekuchen mit Spargel-Kräuter-Füllung
Zubereitungszeit: ca. 50 Minuten (ohne Ruhezeit)

250 g Dinkel- oder Weizenmehl
130 g kalte Butter
1 Ei
Salz
Butter für die Form
500 g grüner Spargel
200 g Kräuterfrischkäse
100 g milder Camembert
100 g saure Sahne oder Schmand
3 Eigelb
2 EL (Dinkel-)Mehl
je ½ Bund Petersilie, Basilikum, Kerbel, fein gehackt
1 Bund Schnittlauch, in feine Röllchen geschnitten
3 – 4 Zweige Estragon, fein gehackt
3 Eiweiß

Für den Boden das Mehl mit der gewürfelten kalten Butter, dem Ei und etwas Salz zu einem glatten Teig kneten, mit der Hand flach ausdrücken. Den Boden einer Quiche- oder Springform ganz dünn mit Butter einpinseln. Den Teig darauf legen, ein ausreichend großes Stück Klarsichtfolie auflegen und den Teig etwas über den Rand hinaus ausrollen. Dann den Rand an den Seiten leicht festdrücken und den mit der Folie bedeckten Teig für 30 Minuten in den Kühlschrank stellen.

Den Spargel waschen, im unteren Drittel schälen, dabei die holzigen Enden großzügig abschneiden. In 4 – 6 cm lange Stücke schneiden und in leicht gesalzenem Wasser 10 – 15 Minuten nicht zu weich kochen.

Alle Zutaten, außer den Spargeln, den Kräutern und dem Eiweiß, in einem Mixer zu einer feinen Creme verarbeiten. Den Backofen auf 200 °C vorheizen.

Die Eiweiß steif schlagen, mit den Kräutern unter die Creme heben. Die Hälfte der Creme auf den Teigboden streichen, darauf die Spargelstücke gleichmäßig verteilen, darauf den Rest der Creme streichen. Die Form in den vorgeheizten Ofen stellen und etwa 30 Minuten backen, eventuell gegen Ende der Kochzeit mit Alufolie abdecken, damit die Creme nicht zu dunkel wird.

Spargel in der Nachsaison

Auflauf mit weißem Spargel
Zubereitungszeit: ca. 50 Minuten

1 kg weißer Spargel
Salz
800 g gekochte Kartoffeln
1 TL + 100 g zerlassene Butter
1 EL Sonnenblumenkerne
200 g geriebener Käse
½ Bund Kerbel oder glatte Petersilie, grob gehackt
1 EL fein gemahlenes Mehl
100 g Schmand
    (oder 50 g Crème fraîche + 50 g saure Sahne)
2 Eigelb
frisch gemahlener Pfeffer
1 Prise frisch geriebene Muskatnuss
½ MSP gemahlener Anis

Den Spargel waschen, gründlich schälen, die holzigen Enden abschneiden und in ca. 4 cm große Stücke schneiden. In kochendem Salzwasser in ca. 15 Minuten nicht zu weich kochen, abschütten und abkühlen lassen. Die bereits gekochten Kartoffeln in Scheiben schneiden. Eine ofenfeste Auflaufform dünn mit Butter auspinseln. Den Ofen auf 200 °C vorheizen. Sonnenblumenkerne, Käse und Kräuter vermischen. Die Auflaufform mit Kartoffelscheiben auslegen, Spargelstücke darauf verteilen, mit der Käsemischung bestreuen. Darauf wieder Kartoffelscheiben und Spargel und so weiter. Die letzte Schicht sollte aus der Käsemischung bestehen. Das Mehl mit dem Schmand und dem Eigelb verrühren, mit den Gewürzen kräftig abschmecken und über den Käse gießen. Im vorgeheizten Ofen in etwa 30 Minuten überbacken.

Aus dem Topf

Alle Topfgucker werden überrascht und erfreut sein, wenn sie den Deckel lupfen und ihnen das herrliche Aroma zum Beispiel von einem Spargelrisotto mit Zuckererbsen in die Nase steigt oder der Duft des Gorgonzolarahms aufsteigt, der eine köstliche Symbiose eingeht mit würzigem grünem Spargel. Da wird Essen zu einem Fest der Sinne ...

Spargelgemüse klassisch
Zubereitungszeit: 40 Minuten
Für 6 Personen

2 kg Spargel
Salz
1 Zwiebel
1 kleine Knoblauchzehe
100 g Butter
4 EL Vollkornmehl (Dinkel oder Reis, sehr fein gemahlen)
150 ml Sahne
frisch gemahlener weißer Pfeffer
1 Bund glatte Petersilie

Den Spargel waschen, gründlich schälen, die holzigen Enden abschneiden. Den Spargel in 5 cm lange Stücke schneiden (schneiden Sie die Spargelköpfe ab und geben Sie sie erst in den letzten fünf Minuten Garzeit zum restlichen Spargel; Sie können die Spargelspitzen natürlich auch ungekocht zum Gemüse geben, das gibt einen leckeren und gesunden Biss!) Etwa einen halben Liter Wasser zum Kochen bringen, etwas salzen und die Spargelstücke zugeben. Aufkochen lassen, dann im geschlossenen Topf auf abgeschalteter Wärmequelle etwa 20 Minuten ziehen lassen (wenn der Spargel ganz frisch ist, entsprechend kürzer). Spargel abgießen, dabei das Kochwasser auffangen. Zwiebel fein schneiden, Knoblauch fein hacken oder durch eine entsprechende Presse drücken. Die Butter in einem breiten Topf zerlassen, Zwiebelwürfel und Knoblauch darin goldgelb andünsten (den Knoblauch nicht braun werden lassen, er schmeckt sonst bitter). Das Mehl anschütten und unterrühren. Den Spargelsud angießen und mit einem Kochlöffel ganz langsam und gründlich rühren, dabei die Wärme hochschalten. Kurz vor dem Kochen die Spargelstücke zugeben, die Sahne zufügen, mit Salz und Pfeffer abschmecken. Die Wärme reduzieren und das Spargelgemüse noch 10 Minuten in der Sauce ziehen lassen (der Spargel sollte aber nicht zu weich werden, also zwischendurch eine Garprobe machen: Mit einem kleinen spitzen Messer in eine Spargelstange stechen, wenn es ganz leicht wieder herauszuziehen ist, sind die Stangen fertig). Die Petersilienblätter von den Stielen zupfen, fein hacken und vorsichtig unter das Gemüse ziehen. Ein paar hübsche junge Blätter zum Dekorieren aufbewahren.

Servieren Sie hierzu kross gebratene Sesamkartöffelchen: möglichst kleine neue Kartoffeln abbürsten. In einem Topf mit dickem Boden etwas Sonnenblumen- oder Maiskeimöl erwärmen, 1 EL ungeschälten Sesam und die Kartoffeln hinzugeben und den gesamten Inhalt schütteln, damit sich die Sesamkörner schön an die Kartoffeln anlegen. Nun leicht anbraten, dabei den Topf immer wieder leicht schütteln. Einen Hauch Luxus erhalten Sie, wenn Sie statt der Sesamkörner einige Macadamianüsse grob hacken und damit die Kartoffeln umhüllen!

Tipp: Um der Sauce eine schöne gelbe Farbe zu verleihen, ohne Eigelb hinzuzufügen, können Sie folgende Varianten probieren: Entweder rösten Sie etwa einen Teelöffel eines wirklich guten Currys mit den Zwiebeln zusammen an (Curry ist hier zwar der falsche, aber gebräuchliche Name, denn eigentlich handelt es sich um »Massala«, eine Gewürzmischung), was dem Gemüse einen unerwartet orientalischen Touch gibt, oder Sie fügen – auch zu den Zwiebeln – einen halben Teelöffel Kurkumapulver zu, das schmeckt dann neutral.

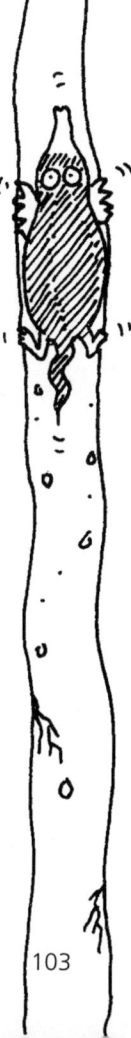

103

Weißer Spargel auf badische Art
Zubereitungszeit: ca. 45 Minuten

2 kg weißer Spargel
100 g Butter
Salz
50 g (Dinkel-)Mehl
130 ml Milch
frisch gemahlener weißer Pfeffer
1 Ei
50 g geriebener Käse
1 EL gemahlene Mandeln
1 Bund Schnittlauch oder Frühlingszwiebeln
etwas frisch geriebene Muskatnuss
1 MSP gemahlenes Piment

Den Spargel waschen, gründlich schälen, die Enden großzügig abschneiden. Mit 1 EL Butter und Salz in kochendes Wasser geben und zugedeckt 15 – 20 Minuten garen.

Das Mehl mit Milch, Salz und Pfeffer verquirlen, 5 Minuten quellen lassen. Danach das Ei, den Käse und die geriebenen Mandeln unterrühren. Den Schnittlauch bzw. die Frühlingszwiebeln in feine Röllchen schneiden (das geht ganz prima mit einer scharfen Schere!).

In einer mittelgroßen Pfanne etwas Butter zerlassen und nacheinander aus dem Teig je einen Pfannkuchen backen. Bevor der Teig zu stocken beginnt, eine Hälfte der Schnittlauchröllchen darüber streuen. Den Pfannkuchen wenden und von der anderen Seite fertig backen. Dann mit einer Gabel in kleine Stücke zerreißen, mit dem zweiten Pfannkuchen ebenso verfahren. Die restliche Butter in die Pfanne geben und leicht bräunen, mit frisch geriebener Muskatnuss und etwas Piment würzen.

Den abgetropften Spargel auf vorgewärmten Tellern servieren, mit den Pfannkuchenstücken und der Gewürzbutter servieren.

Tipp: Dazu passen knusprige Baguettescheiben und ein knackiger grüner Salat mit viel frischen Kräutern. Dekorieren Sie doch einmal Ihren Salat mit ein paar Gänseblümchenblüten aus Ihrem Garten; das sieht hübsch aus und ist obendrein gesund!

Weißer Spargel mit grüner Sauce
Zubereitungszeit: ca. 35 Minuten

1 kg weißer Spargel
125 ml süße Sahne
50 g Butter
Salz
1 Bund Basilikum
1 TL Himbeeressig
frisch gemahlener weißer Pfeffer
ein Hauch gemahlener Macis

Den Spargel waschen, sorgfältig schälen und die Enden großzügig abschneiden. Den Spargel in etwa 3 cm lange Stücke schneiden. Die Sahne in einen breiten Topf oder in eine Pfanne geben und auf etwa die Hälfte einkochen lassen.

Die Butter in einem Topf mit gut schließendem Deckel schmelzen, die Spargelstücke tropfnass in die Butter geben. Kurz andünsten, Salz zufügen und bei milder Hitze etwa 10 Minuten zugedeckt dünsten.

Danach die eingekochte Sahne zufügen und weitere 5 Minuten garen. Inzwischen die Basilikumblätter von den Stielen zupfen und auf einem Holzbrett fein hacken.

Die Sauce mit dem Himbeeressig, Salz, Pfeffer und Macis würzen. Die gehackten Basilikumblättchen dazugeben und das Gemüse auf vorgewärmten Tellern servieren.

Tipp: Macis ist der Samenmantel der Muskatnuss und sieht aus wie ein Überzug aus Spitze. *Myristica fragrans* heißt die Gewürzpflanze, die – wohl einzigartig – zwei deutlich verschiedene Gewürze produziert. Sie sieht aus wie eine Aprikose. Beim Reifen öffnet sich die Frucht, der Samenkern – die Muskatnuss – wird sichtbar. Muskatnuss und Macis sind hocharomatische

Gewürze, süßlich die Nuss, etwas bitter der Samenmantel. In der arabischen Küche werden vorwiegend Fleischgerichte damit gewürzt. In Europa hingegen ist z. B. Muskatnuss ein Standardgewürz für viele süße und herzhafte Speisen. Kartoffeln, Kohl, Gemüsepürees, aber auch viele Pastagerichte werden mit Nuss oder Blüte gewürzt. Auch bei Honigkuchen, Fruchtkuchen und Desserts sowie bei Käse- und Eierspeisen werden beide Gewürze eingesetzt.

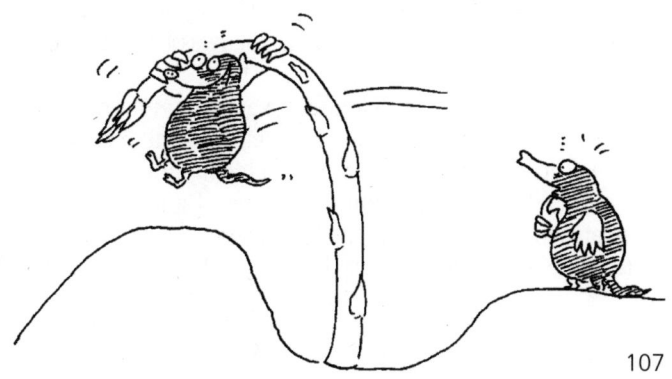

Ein Klassiker – und lecker wie zu Großmutters Zeiten:

Spargelragout
Zubereitungszeit: ca. 40 Minuten

1 kg Spargel
Salz
1 TL Butter

für die Sauce:
2 Eigelb
100 ml Sahne
Salz
frisch gemahlener Pfeffer
1 kleine MSP frisch gemahlener Macis (ersatzweise
  Muskatnuss)
30 g Butter
40 g feines Mehl
2 – 3 Stängel Kerbel (ersatzweise glatte Petersilie oder
  Schnittlauch)

Den Spargel waschen, sorgfältig schälen, die holzigen Enden
abschneiden und in ca. 3 Teile schneiden. In kochendem Wasser mit Salz und Butter in etwa 15 Minuten (nicht zu weich)
garen. Beim Abschütten vom Spargelkochwasser 400 ml aufheben.
Die beiden Eigelb mit der Sahne gut verrühren und mit Salz,
Pfeffer und Macis abschmecken. In einem Topf mit dickem Boden die Butter schmelzen, das Mehl hineinschütten und mit
einem Kochlöffel mit der Butter verrühren. Dann die Spargelbrühe angießen, dabei mit einem Schneebesen Brühe und Mehl-
butter gut verrühren. Nun die Eigelb-Sahne-Mischung unter-

rühren, dabei darf die Sauce nicht mehr kochen, da sonst das Eigelb gerinnen würde.

Die Spargelstücke unter die Sauce rühren und vorsichtig erwärmen. Kerbelblättchen von den Stielen zupfen, zwei Drittel davon unter die Sauce ziehen, die restlichen Blättchen auf das Gemüse streuen.

Tipp: Servieren Sie zu diesem Ragout leckere knusprige Getreidebratlinge, eine Mischung von Dinkel und Linsen zum Beispiel ergibt mit Sahne und Ei eine ausgewogene, für den Körper gut resorbierbare Nährstoffverbindung.

Das feine Anisaroma der Kerbelblättchen können Sie durch einen Teelöffel Noilly Prat (franz. Wermut) zaubern, wenn Sie keinen Kerbel bekommen können. Für dieses Rezept können Sie den – weitaus preiswerteren – Bruchspargel einkaufen.

Eine typisch englische Spargelvariante, etwas aufwändig, aber im Ergebnis sehr delikat!

Spargel à l'Anglaise an Petersilienschaum
Zubereitungszeit: ca 50 Minuten

1 kg Spargel
Salz
1 TL Zitronensaft
1 TL Honig
½ l Gemüsebrühe (aus Pulver oder Paste)
2 EL Estragonessig
4 Eier

für den Petersilienschaum:
1 großer Bund glatte Petersilie
2 EL Gemüsebrühe
100 ml trockener Weißwein
2 Eigelb
2 Eier
½ TL frisch geriebener Ingwer
frisch gemahlener weißer Pfeffer
1 MSP gemahlenes Piment
60 ml Sahne

Den Spargel waschen, gründlich schälen, die eventuell holzigen Stielenden abschneiden. Wasser mit Salz, 1 TL Zitronensaft und dem Honig in einem entsprechend großen Topf zum Kochen bringen, den Spargel darin 15 Minuten kochen. Die Gemüsebrühe mit dem Essig zusammen einmal aufkochen. Eine Schöpfkelle bereitlegen. Die Eier (aus dem Kühlschrank) nacheinander aufschlagen und einzeln in die Schöpfkelle gleiten lassen, von da aus vorsichtig in die Brühe geben. (Durch das vorherige Procedere mit der Schöpfkelle behalten die Eier besser ihre Form!) Die Eier in 4 – 5 Minuten gar ziehen lassen (Achtung: Das Wasser darf nicht kochen, sondern nur sieden, also knapp vor dem Kochen!). In der Zwischenzeit eine Schüssel mit lauwarmem, leicht gesalzenem Wasser bereitstellen. Die Eier vorsichtig wieder mit der Schaumkelle aus der Brühe heben und in das Salzwasser legen. So behalten die Eier weiterhin ihre Form. (Eventuell unschön aussehende Eiweißfäden können Sie mit einem Messer vorsichtig abschneiden.) Den Backofen auf 50 °C schalten und die Anzahl Teller hineinstellen, die Sie benötigen. Die Petersilie waschen, trockenschütteln und die Blättchen abzupfen, in der Gemüsebrühe pürieren. Wein in einem Topf auf etwa 2 EL reduzieren. Das Petersilienpüree mit den Eiern und den Eigelben in einer Schüssel verrühren.

Diese Schüssel in einen Topf mit kochendem Wasser stellen, mittels eines Topflappens festhalten und die Petersilien-Eier-Mischung mit einem Schneebesen oder einem Handmixer kräftig aufschlagen, bis die Masse hell schaumig und leicht dicklich wird (das dauert etwa 8 – 10 Minuten). Den frisch geriebenen Ingwer zugeben, mit Salz, Pfeffer und Piment abschmecken. Den abgekühlten Weißwein und die Sahne vorsichtig einrühren.

Die Spargelstangen auf die vorgewärmten Teller legen, die Eier dazulegen und mit dem Sabayon beträufeln.

Tipp: Hierzu passen am besten neue kleine Kartoffeln, die Sie mit etwas gehackter Petersilie bestreuen können. Für die pochierten Eier benötigen Sie ganz frische Eier! Am besten auf dem Wochenmarkt, beim Bauern direkt oder in einem Spezialgeschäft (»Milch, Eier, Käse«) einkaufen.

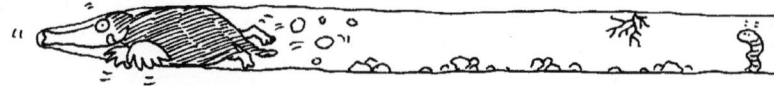

Grüner Spargel mit Kartoffelcreme
Zubereitungszeit: ca. 30 Minuten

250 g mehlig kochende Kartoffeln
1 kg grüner Spargel
Salz
1 EL Butter
1 Bund Zwiebelgrün
2 EL Walnuss- oder Kürbiskernöl
frisch geriebene Muskatnuss
250 g Ricotta
2 EL Limettensaft
frisch gemahlener Pfeffer
1 – 2 EL geröstete Pinienkerne

Kartoffeln weich kochen. Den Spargel waschen, im unteren Drittel sorgfältig schälen, die holzigen Enden abschneiden und in ca. 3 Teile schneiden. In kochendem Wasser mit Salz und Butter in etwa 15 Minuten (nicht zu weich) garen. Beim Abschütten vom Spargelkochwasser 250 ml aufheben. Kartoffeln darin pürieren. Zwiebeln in Ringe schneiden, mit Öl und Limettensaft zum Kartoffelpüree geben. Ricotta fein zerkrümeln, zum Püree geben, alles kräftig abschmecken. Spargel auf vorgewärmten Teller legen, mit der Creme übergießen, die gerösteten Pinienkerne darüber streuen.

Grüner Spargel an Gorgonzolarahm
Zubereitungszeit: ca. 30 Minuten

1 kg grüner Spargel
Salz
250 g Gorgonzola
½ TL Orangenschale
200 ml Sahne
2 TL grüner Pfeffer
2 Eigelb
etwa 2 EL Noilly Prat (trockener franz. Wermut) oder
  Orangensaft

Den Spargel waschen, im unteren Drittel sorgfältig schälen, die holzigen Enden großzügig abschneiden. Wasser in einem ausreichend großen Topf zum Kochen bringen, mit Salz würzen, den Spargel darin in knapp 15 Minuten garen. In der Zwischenzeit den Käse grob zerdrücken, in einem Topf schmelzen, mit der Orangenschale und der Sahne verrühren. Die Hälfte der Pfefferkörner zerdrücken und mit den restlichen Pfefferkörnern zur Sauce geben. Diese leicht erwärmen, die Eigelbe nacheinander einrühren, mit dem Noilly Prat bzw. dem Orangensaft abschmecken.

Tipp: Servieren Sie zu diesem schnellen, außergewöhnlichen Rezept kleine neue Kartoffeln, die Sie nach dem Abschütten in frisch gehackter glatter Petersilie wälzen.

Spargel-Steinpilz-Risotto
Zubereitungszeit: ca. 50 Minuten

500 g weißer Spargel
500 g grüner Spargel
Salz
2 EL getrocknete Steinpilze
2 Schalotten
1 + 1 EL Olivenöl
250 g Risottoreis
5 kleine frische Salbeiblätter
1 fingerdicke Scheibe Räuchertofu
frisch gemahlener weißer Pfeffer
50 g frisch geriebener Parmesan oder Pecorino

Spargel waschen, weißen Spargel schälen, die eventuell holzigen Enden abschneiden. Grünen Spargel nur im unteren Drittel schälen, auch hier eventuell holzige Enden abschneiden. Beide Spargelsorten in fingerlange Stücke schneiden und getrennt in etwas Salzwasser garen, den weißen 15 Minuten, den grünen Spargel 10 Minuten. Den Spargel abschütten, dabei das Kochwasser auffangen. Die getrockneten Pilze in warmem Wasser einweichen. Die Schalotten schälen und fein schneiden bzw. hacken. Einen EL Olivenöl in einem großen Topf mit dickem Boden erhitzen, die Schalottenwürfel darin glasig dünsten. Den Risottoreis zufügen und so lange unter ständigem Rühren erhitzen, bis die Körnchen glasig aussehen. Von dem aufgehobenen Spargelkochwasser so viel zufügen, dass der Reis bedeckt ist. Unter weiterem Rühren diese Flüssigkeit verdampfen lassen. Jetzt das restliche Spargelkochwasser unterrühren. Das Einweichwasser der Steinpilze durch ein feines Haarsieb gießen und ebenfalls dem Reis zufügen. Unter gelegentlichem Rühren den Reis in etwa 30 Minuten fertig garen, eventuell noch etwas Flüssigkeit (wie heiße Gemüsebrühe oder auch nur heißes Wasser) zugeben.

Die Salbeiblättchen vorsichtig waschen und mit einem Küchenpapier oder Küchenhandtuch trockentupfen. Dann in feine Streifen schneiden. Den Räuchertofu in Würfel schneiden; in einer kleinen Pfanne einen EL Olivenöl erhitzen, die Tofuwürfel darin knusprig braten.

Den garen Reis mit Salz und frisch gemahlenem Pfeffer würzen, die Spargelstücke und die Salbeiblättchen unterrühren und auf der noch warmen Herdplatte etwa 5 Minuten ziehen lassen. Den Risotto auf vorgewärmte Teller verteilen, mit dem geriebenen Parmesan bestreuen, die Tofuwürfel dazulegen.

Tipp: Schalotten bitte nicht mit Schlotten, also frischen jungen Zwiebeln mit Grün, verwechseln. Schalotten werden auch Eschalotten genannt, sind länglich und schmal. Sie sind milder im Geschmack als die gelben oder roten Zwiebeln. Weiße Zwiebeln kommen dem Geschmack der Schalotten am nächsten.

Noch ein Tipp: Die Krönung für dieses edle Spargelgericht sind einige Pinienkerne, trocken in der Pfanne geröstet und über den Reis gestreut!

Risotto ist zwar bekanntermaßen ein italienisches Gericht, doch dieses Risottorezept schickten mir Freunde aus Amerika!

Spargelrisotto mit frischen grünen Erbsen
Zubereitungszeit: ca. 50 Minuten

300 g grüner Spargel
Salz
400 g frische Erbsenschoten (ersatzweise 150 g TK-Erbsen)
1 große weiße Zwiebel
   (ersatzweise 1 mittelgroße Gemüsezwiebel)
40 g + 30 g Butter
300 g Risotto-Reis (»Arborio«)
150 ml trockener Weißwein
500 ml Gemüsebrühe
frisch gemahlener weißer Pfeffer
1 EL frisch gehackte glatte Petersilie
80 – 100 g frisch geriebener Käse (Pecorino oder Parmesan)

Spargel kurz waschen, im unteren Drittel schälen und die Stielenden abschneiden. Den Spargel in 3 cm lange Stücke schneiden, in einen Topf mit leicht gesalzenem kochendem Wasser legen, so dass die Stangen gerade bedeckt sind und 10 – 12 Minuten kochen. Abschütten, dabei die Spargelbrühe aufheben (ca. ½ Liter). Wenn Sie frische Erbsen bekommen konnten, diese jetzt auspalen und in kochendem Salzwasser knapp 4 Minuten blanchieren, abgießen und kalt abschrecken. So behalten sie ihre schöne grüne Farbe.
Die Zwiebel schälen und fein hacken. Die Butter in einem Topf mit schwerem Boden zerlassen und die Zwiebelwürfel darin andünsten. Den Reis waschen, auf einem Sieb abtropfen lassen und zugeben. Den Reis unter ständigem Rühren glasig werden lassen (das heißt die Reiskörner wirken leicht durchscheinend).

Nun den Wein zufügen und im offenen Topf vollständig einkochen lassen. Spargel- und Gemüsebrühe mischen und die Hälfte davon dem Reis zufügen und rühren, bis die Flüssigkeit fast verkocht ist. Den Rest der Brühe zufügen und unter erneutem Rühren weiter köcheln lassen, bis alle Flüssigkeit aufgebraucht und der Reis gar ist. Das Risotto sollte schön glänzend und nicht zu trocken, aber auch nicht zu flüssig sein. Bei Bedarf noch etwas Gemüsebrühe zufügen. Den Risotto pfeffern und eventuell salzen (je nach dem, wie salzig die Gemüsebrühe ist), die gehackte Petersilie, die Spargelstücke und die Erbsen vorsichtig unterheben und mit dem Risotto nochmals kurz erwärmen. Mit Butterflöckchen und dem geriebenen Käse belegen und den Topfdeckel für ein paar Minuten auflegen. Danach sind Butter und Käse geschmolzen. Den Risotto vorsichtig umrühren und auf vorgewärmten Tellern servieren.

Tipp: Servieren Sie zum Risotto einen frischen grünen Salat mit vielen Gartenkräutern, vielleicht dekoriert mit den orangefarbenen Blütenblättern der Ringelblume (Calendula), wenn Sie diese im eigenen Garten haben. (Keinesfalls sollten Sie Blüten oder Blütenblätter aus dem Blumengeschäft zur Dekoration Ihrer Speisen und Salate verwenden. Mit ziemlicher Sicherheit sind diese mit allerlei Chemie behandelt und nur schön anzusehen!)
Wenn Sie einen guten Tropfen zum Risotto möchten, empfiehlt sich ein leichter, säurearmer Weißwein. Auch ein trockener Prosecco passt hervorragend dazu.

Etwas aufwändig, aber sehr lecker!

Grüner Spargel im Estragonmantel
Zubereitungszeit: ca. 45 Minuten

1,5 kg grüner Spargel
Salz
1 Bund frischer Estragon
300 g Vollmilchjoghurt
frisch gemahlener Pfeffer
150 g frisch geriebener Parmesankäse
24 Reisblätter
4 EL Spezialöl zum Frittieren

Spargel waschen, die holzigen Enden abschneiden und im unteren Drittel schälen. Den Spargel in Salzwasser in 15 Minuten bissfest dünsten. Die Estragonblätter von den Stielen zupfen und fein hacken. Joghurt mit der Hälfte der Estragonblätter verrühren und mit Pfeffer und Salz abschmecken.
Den Spargel abschütten und auf einem Sieb gut abtropfen lassen. Den Parmesan mit den restlichen Estragonblättern vermischen. Nacheinander jeweils 2 Reisblätter anfeuchten. Ein Blatt mit der Parmesan-Estragon-Mischung bestreuen und 3 – 4 Spargelstangen darauf legen und einwickeln. Mit dem zweiten Reisblatt umwickeln. Das Öl in einem breiten Topf erhitzen. Die Spargelrollen darin in etwa 5 Minuten goldbraun anbraten. Danach auf einem Küchenpapier gut abtropfen lassen und auf vorgewärmte Teller legen. Dazu die Joghurtsauce reichen.

Saucen

In diesem Kapitel finden Sie einige außergewöhnliche, aber auch klassische Saucen wie zum Beispiel die Sauce Hollandaise mit all ihren Variationsmöglichkeiten. Mit Hilfe dieser Saucen wird das Spargelvergnügen ganz einfach: Spargel nach den Anweisungen aus anderen Rezepten kochen und Ihre Wunschsauce dazu reichen. Und das Schöne ist: Die Saucen eignen sich nicht nur als Spargelbegleiter, sondern passen ebenso so diversen Pastagerichten, Kartoffelzaubereien oder zu den vielen Getreide- und Reiszubereitungen. Bereiten Sie die Saucen in doppelter Menge zu und reichen Sie sie einmal zu Spargel und ein, zwei Tage später, vielleicht geringfügig geändert durch Zugabe eines weiteren Gewürzes oder Kräutleins, zu Backlingen, Pellkartoffeln oder Makkaroni & Co.

Béarner Sauce

Zubereitungszeit: ca. 45 Minuten
Für ca. 4 Portion

1 TL Pfefferkörner
4 EL Weißwein
2 EL Weißweinessig
1 TL Kerbel, gehackt
1 TL Estragon, gehackt
250 g Butter
4 Eier
Salz
frisch gemahlener Pfeffer
eine Prise Cayennepfeffer
¼ TL Worcestersauce
Saft einer halben Limette
1 EL Gemüsebrühe (aus Konzentrat bzw. Pulver)
1 EL glatte Petersilie
1 EL Kerbelblättchen
1 EL Estragon, gehackt

Die Pfefferkörner in einem Mörser grob zerstoßen oder zwischen zwei Esslöffeln zerdrücken. Den Weißwein und den Essig mit den Pfefferkörnern in einem kleinen Topf aufkochen, gehackten Kerbel und Estragon zugeben. Die Flüssigkeit auf die Hälfte einkochen lassen, durch ein feines Sieb geben und abkühlen lassen.

Einen Wasserbadtopf oder einen entsprechend großen Topf mit Wasser füllen und heiß werden lassen. Die Eier trennen, die Eigelbe in einer kleinen Schüssel mit 2 EL der reduzierten Brühe auffüllen. Diese Masse in den Wasserbadtopf füllen bzw. in eine Schüssel, die in den Topf mit dem heißen Wasser gestellt wird. Die Butter in einem kleinen Topf erwärmen, bis die Temperatur ca. 70 °C beträgt. Die Eigelbe nun mit einem großen Schneebesen so lange schlagen, bis die Masse fast weiß wird und so fest, dass sie in schweren Tropfen vom Schneebesen fällt. Den Topf vom Feuer nehmen und die heiße Butter anfangs tropfenweise zugeben. Dann wird die Sauce mit Salz, Pfeffer, dem Cayennepfeffer und der Worcestersauce gewürzt. Den Limettensaft erst zu zwei Drittel unterrühren, nach Geschmack den Rest hinzugeben. Dann die Gemüsebrühe und die frisch gehackten Kräuter unterrühren und die Sauce über den Spargel gießen.

Das ist das klassische Rezept der Sauce Bearnaise! Zugegeben, etwas aufwändig, aber der Geschmack ist wirklich köstlich. Anstelle der Worcestersauce schmeckt auch ein Spritzer Noilly Prat (französischer Wermut) lecker. Für Wagemutige: Probieren Sie einen Teelöffel Anislikör als Alternative! Auch ein Hauch Piment macht sich sehr gut an der Sauce. Wenn Sie Pimentkörner haben, können Sie ein Korn mit den Pfefferkörner zermösern und mitkochen.

Tipp: Servieren Sie den Spargel mit der Sauce Bearnaise, Pellkartoffeln und einem trockenen Chardonnay, ein Festessen für Sie und Ihre Gäste!

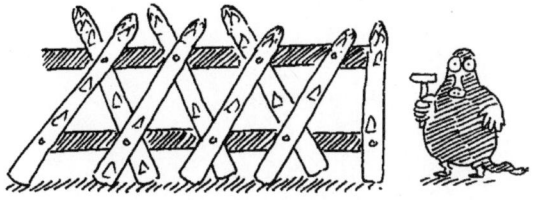

Brunnenkresse-Cremesauce
Zubereitungszeit: ca. 25 Minuten

2 Schalotten
2 EL Rotweinessig
Saft von einer Limette
1 TL körniger Senf
1 Bund Brunnenkresse
1 kleiner aromatischer Apfel (z. B. Cox Orange)
3 EL Walnussöl
2 EL Olivenöl
1 Knoblauchzehe
Salz
frisch gemahlener schwarzer Pfeffer
1 – 2 EL Crème fraîche

Die Schalotten schälen und fein hacken, in eine Schüssel geben. Essig, Limettensaft und den Senf unterrühren, beiseite stellen.
Die Brunnenkresse verlesen, kurz waschen und gut trockenschütteln. Die Blätter von den Stielen zupfen, grob hacken. Den Apfel waschen, vierteln und das Kerngehäuse entfernen. Mit dem Pürierstab eines Handmixers oder in der Küchenmaschine die Schalottenmischung pürieren. Bei laufendem Gerät das Öl in dünnem Strahl dazu gießen. Brunnenkresse, Apfelviertel und den geschälten, halbierten Knoblauch zufügen, fein pürieren. Mit Salz und Pfeffer abschmecken, die Crème fraîche unterrühren.

Tipp: Diese pfeffrig-aromatische Sauce in eine Schüssel füllen, nur einen EL Crème fraîche unterrühren, den zweiten auf die Sauce setzen und spiralförmig mit einem Holzstäbchen oder einer Gabel unterziehen. Diese vitaminreiche, verdauungsanregende Sauce passt hervorragend zu Pastagerichten, hier vielleicht noch ein paar Pinienkerne zufügen, in einer trockenen Pfanne kurz angeröstet!

Fruchtige Tomatensauce
Zubereitungszeit: 40 Minuten

2 Zwiebeln
2 Möhren
1 – 2 EL Olivenöl
1 Knoblauchzehe
8 reife (Strauch-)Tomaten
einige frische Thymianblättchen
½ l Gemüsebrühe
2 EL fein gemahlener Reis
1 Bund Basilikum
frisch gemahlener Pfeffer
Salz

Die Zwiebeln schälen und in kleine Würfel schneiden oder hacken. (Wenn Sie mit einem richtig scharfen Messer arbeiten, tritt weniger Zwiebelsaft aus und die obligaten Tränen beim Zwiebelschneiden werden zumindest reduziert!) Die Möhren schälen, oder, wenn sie jung und schön sind nur waschen und trocken reiben. In kleine Würfel schneiden. Das Olivenöl in einem Topf mit dickem Boden erwärmen. Die Zwiebel- und die Möhrenwürfel dazugeben und bei milder Hitze »schmurgeln«; die Zwiebeln sollen kaum Farbe annehmen. Inzwischen den Knoblauch schälen und klein würfeln oder durch eine Knoblauchpresse zu der Zwiebel-Möhren-Mischung geben. Die Tomaten waschen, den Stielansatz großzügig herausschneiden, würfeln und in den Topf geben. Die Thymianblättchen zufügen und die Mischung nochmals etwa 15 Minuten schmurgeln lassen, eventuell noch ein wenig Öl zufügen. (Der Knoblauch darf auf keinen Fall braun werden, er schmeckt dann nur noch bitter.) Nun wird das Ganze mit der Gemüsebrühe abgelöscht. Das Reismehl mit einem Schneebesen unterrühren, die Basilikumblätter zufügen und alles mit dem Pürierstab des Handmixers oder in einem Mixer pürieren. Mit Pfeffer und Salz kräftig abschmecken. Sollte die Sauce zu dickflüssig geworden sein, können Sie noch ein wenig Gemüsebrühe oder aber auch eine frische, grob gewürfelte Tomate zur Mischung geben und nochmals kurz pürieren.

Tipp: Diese Sauce schmeckt nicht nur zu Spargelgerichten. Sie passt auch hervorragend zu allen Pastagerichten, zu Reis oder zu gefüllten und gebratenen Gemüsen. Sie können sie mit einem Klecks Crème fraîche oder mit saurer oder süßer Sahne verfeinern. Und wenn Sie das Gefühl haben, die Sauce schmeckt ein wenig »langweilig«, fügen Sie etwas Säure hinzu: Das kann ein kleiner Schuss (Himbeer-)Essig sein, etwas Apfeldicksaft oder ein paar Spritzer Zitrone, was Sie gerade im Haus haben. Übrigens ist das Hinzufügen von etwas Säuerlichem zu Speisen und Getränken oft das Tüpfelchen auf dem i, holt alle Aromen heraus und vereinigt sie zu einem Ganzen ...

Und noch ein Tipp: Bereiten Sie von dieser Sauce die doppelte oder dreifache Menge zu. In einem Schraubdeckelglas o. Ä. hält sie sich im Kühlschrank mindestens 4 Tage. Und wenn die Zeit der Tomatenschwemme kommt, nutzen Sie sie für diese leckere Sauce. In entsprechende Behältnisse verstaut eignet sie sich auch zum Einfrieren.

Eine etwas »abgespeckte« Variante der Sauce Hollandaise:

Holländische Sauce
Zubereitungszeit: ca. 25 Minuten

50 g Butter
20 g Speisestärke (oder fein gemahlenes Mehl)
250 ml Gemüsebrühe
2 – 3 Eigelb
Salz
frisch gemahlener weißer Pfeffer
1 – 2 EL Weißwein (nach Belieben)
2 – 3 EL Sahne

Die Butter in kleine Stückchen zerteilen und in den kalten Kühlschrank bzw. in das Eisfach stellen. Die Speisestärke mit der Gemüsebrühe in einem Topf verrühren, bei mäßiger Hitze unter Rühren dicklich werden lassen. In eine Schüssel umfüllen, die in einen Topf für das Wasserbad passt. Wasser zum Kochen bringen, die Hitze wegnehmen. Die Schüssel in das warme Wasser stellen. Die Eigelbe verquirlen und mit den Butterstückchen abwechselnd nach und nach unterrühren, mit Pfeffer und eventuell etwas Salz abschmecken. Dann den Wein teelöffelweise unterrühren. Die Sauce muss dick sein, darf aber keinesfalls kochen. Die Sahne halbsteif schlagen und unter die fertige Sauce heben.

Tipp: Unter diese Sauce einige Kapern rühren; das sieht schön aus und die säuerliche Note der Kapern passt gut zu Spargel und vielen anderen Gemüsesorten. An Kräutern harmonieren ganz wunderbar Estragon oder Kerbel, beide möglichst als frisches Kraut.

Käse-Champignon-Sauce

Zubereitungszeit: ca. 20 Minuten
Für 2 Portionen

½ Bund glatte Petersilie
1 – 2 Knoblauchzehen
1 – 2 Schalotten (ersatzweise 1 mittelgroße weiße Zwiebel)
200 g Champignons
1 EL Butter
1 EL Noilly Prat (trockener franz. Wermut)
150 ml Gemüsebrühe
100 g milder Edelpilzkäse
1 MSP geriebene Limettenschale
2 – 3 EL Sahne
Salz
frisch gemahlener Pfeffer

Petersilie waschen, trockenschütteln, die Blättchen von den
Stielen zupfen und grob hacken. Knoblauchzehen pellen, fein
hacken. Schalotten schälen, fein hacken. Die Pilze putzen, fein
hacken.
Die Butter in einer Pfanne schmelzen, die Schalottenwürfel darin
hellbraun anbraten, die Pilzwürfel zugeben und unter Rühren
anbraten, bis keine Flüssigkeit mehr in der Pfanne ist und die
Pilze hellbraun gebraten sind. Mit dem Noilly Prat oder dem
Wein ablöschen. Gemüsebrühe zugießen, den Käse grob würfeln und mit der Limettenschale zufügen. Etwa 5 Minuten leicht
köcheln lassen, bis der Käse geschmolzen ist, dann Sahne und
die gehackte Petersilie unterrühren. Mit Salz und Pfeffer abschmecken.

Tipp: Diese köstliche Pilzsauce schmeckt ebenso gut zu Spargel wie zu Kartoffeln, Nudeln oder Reis.

Lecker auch zu lauwarmen und kalten Spargelgerichten – gut vorzubereiten.

Safran-Fenchel-Schaum
Zubereitungszeit: ca. 50 Minuten

2 aromatische Tomaten (Strauch- oder Flaschentomaten)
1 Schalotte (ersatzweise 1 kleine weiße Zwiebel)
1 Fenchelknolle
30 g Butter
1 TL Pernod
1 TL Noilly Prat (trockener franz. Wermut)
2 EL aromatischer trockener Weißwein
300 ml Gemüsebrühe (frisch gekocht,
*   ersatzweise aus Konzentrat aus dem Glas)*
½ TL Safran
150 g Crème double (ersatzweise Crème fraîche)
einige Estragonblättchen oder Dillspitzen
Salz
½ TL Limettensaft

Für die Tomaten Wasser in einem Topf zum Kochen bringen, die Tomaten mit einem spitzen Messer kreuzweise einritzen. Im kochenden Wasser kurz überbrühen, mit kaltem Wasser abschrecken, mit dem Messer die Haut abziehen. Die Tomaten halbieren und entkernen, dabei den Stielansatz heraus schneiden, das Fruchtfleisch würfeln.

Die Schalotte schälen und fein würfeln; die Fenchelknolle putzen und in feine Scheiben schneiden. In einem Topf mit dickem Boden die Butter erwärmen, Schalotte und Fenchel darin anschwitzen; Pernod, Wermut und Weißwein zugeben und bei mittlerer Hitze in 5 Minuten etwas einkochen lassen. Die Gemüsebrühe zugeben, Safran unterrühren, alles bei starker Hitze auf etwa ein Viertel einkochen lassen, dabei öfter umrühren. Die Crème double zufügen und nochmals 10 Minuten kochen lassen, nun bei etwas milderer Hitze. Die Kräuter zufügen und die Sauce mit einem Pürierstab pürieren, eventuell durch ein Sieb passieren. Vor dem Servieren im Mixer oder mit dem Pürierstab schaumig aufschlagen, mit Salz und dem Limettensaft abschmecken. Den Spargel oder die entsprechenden Gemüse mit der Sauce übergießen bzw. die Sauce als »Spiegel« auf den vorgewärmten Tellern verteilen, darauf die Gemüse legen. Mit den gewürfelten Tomaten dekorieren.

Tipp: Die Safranfäden schon am Vorabend bzw. einige Stunden vor Verwendung in etwas Wasser einweichen (das Wasser anschließend mit verwenden). Sie benötigen zum einen weniger der teuren Fäden, zum anderen wird die goldgelbe Farbe noch intensiver.
Diese feine Sauce passt zu vielen Gemüsearten und Kartoffelgerichten und gibt jeder Speise eine ganz exquisite Note!

Sauce Hollandaise – ein klassisches Rezept
Zubereitungszeit: ca. 20 Minuten

250 g Butter
3 Eigelb
3 EL Wasser
Salz
frisch gemahlener weißer Pfeffer
Zitronensaft

Die Butter in kleine Stückchen zerteilen und in den kalten Kühlschrank bzw. in das Eisfach stellen. In einem Topf, in den eine Schüssel für ein Wasserbad passt, Wasser zum Kochen bringen, die Hitze wegnehmen. In die Schüssel die Eigelbe und das Wasser geben, im warmen Wasserbad mit einem Schneebesen schaumig schlagen. Dann die Butterstückchen nach und nach unterrühren. Die fertige, schaumige Sauce mit Salz, Pfeffer und dem Zitronensaft abschmecken.

Tipp: Das ist jetzt nur das klassische Grundrezept, das Sie nach Herzenslust und Verwendung der Sauce würzen können. Eine Abwandlung in weitere klassische Saucen erhält das vorliegende Rezept so:
Sauce Choron – eine reife Fleischtomate häuten, entkernen und in kleine Würfelchen schneiden, zufügen.
Sauce Maltaise – etwa 3 EL Orangensaft und 1 TL Orangenschale unterrühren (dabei das Wasser durch den Saft ersetzen).
Sauce Mousseline – 100 g Sahne steif schlagen und unter die fertige Sauce heben.
Auch diese klassischen Saucen lassen sich noch weiter variieren mit entsprechenden Kräutern und Gewürzen.

Senf-Mousseline
Zubereitungszeit: ca. 15 Minuten

1 Eiweiß
3 TL Limettensaft
1 EL körniger Senf
1 EL mittelscharfer Senf
1 – 2 Knoblauchzehen
1 EL Sonnenblumenöl
1 EL Olivenöl
2 EL Sahne

In einer Schüssel das Eiweiß mit dem Limettensaft zusammen steif schlagen. Die beiden Senfsorten unterrühren, den Knoblauch durch eine Presse drücken und unterheben. Sonnenblumen- und Olivenöl ganz langsam unter kräftigem Schlagen mit dem Schneebesen (oder mit der kleinsten Stufe eines elektrischen Handrührers) unterrühren. Dann die Sahne dazugeben und weiterschlagen, bis die Mischung dick und cremig wird.

Tipp: Diese Sauce passt unter anderem auch zu sämtlichen Kartoffelgerichten, schmeckt ganz exzellent zu frisch gekochten Artischocken und Getreidebratlinge fühlen sich äußerst wohl in Verbindung mit dieser luftigen und rezenten Sauce.

Tomaten-Basilikum-Sauce
Zubereitungszeit: ca. 40 Minuten

250 g aromatische Tomaten
  (Strauch- oder Flaschentomaten)
1 Bund Basilikum
1 Schalotte (ersatzweise 1 kleine weiße Zwiebel)
3 EL Olivenöl (extra vergine)
1 EL Estragon- oder Sherryessig
4 EL trockener Weißwein
1 TL Apfeldicksaft (ersatzweise 1 TL Limettensaft)
Salz
frisch gemahlener weißer Pfeffer
1 TL Honig

Wasser in einem Topf zum Kochen bringen, die Tomaten mit
einem spitzen Messer kreuzweise einritzen. Im kochenden
Wasser kurz überbrühen, »arbeitsgerecht« abkühlen lassen, mit
dem Messer die Haut abziehen. Die Tomaten halbieren und
entkernen, dabei den Stielansatz herausschneiden. Das Fruchtfleisch in Würfel schneiden (womit Sie nun die berühmten »to-
mates concassées« haben). Die Basilikumblättchen von den Stielen zupfen, in Streifen schneiden und zu den Tomatenwürfeln
in eine Schüssel geben.
Die Schalotte bzw. Zwiebel schälen und fein hacken. Das Olivenöl in einem Topf mit schwerem Boden erwärmen, die Zwiebelwürfel darin anschwitzen. Den Essig und den Wein zufügen, Apfeldicksaft unterrühren und alles auf die Hälfte einkochen
lassen (reduzieren). Mit Salz, Pfeffer und dem Honig abschmecken. Zu den Tomatenwürfeln geben, unterrühren und einige
Zeit ziehen lassen.

Tipp: Diese Sauce ist gut vorzubereiten; sie eignet sich auch als exklusive Salatsauce, passt zu Kartoffelgerichten ebenso gut wie zu Pasta.

Spargelmuseen

Ein Museum für ein Gemüse – der Gedanke ist eher ungewöhnlich. Da es sich aber bei dem Gemüse um den königlichen Spargel handelt, ist das nur angemessen. Und da gibt es natürlich auch nicht nur **ein** Museum.

Zum Beispiel das große **»Europäische Spargelmuseum«** in Schrobenhausen, das im Wonnemonat Mai des Jahres 1985 zunächst als »Deutsches Spargelmuseum« eröffnet wurde.

Europäisch wurde es dann im Jahre 1991, nachdem die eifrigen Schrobenhausener eine große Sammlung ausgesuchter Spargel-Objekte aus ganz Europa zusammengetragen hatten. Der geschätzte Besucher findet sich wieder im »Alten Amtsturm« der ehemaligen Stadtmauer von Schrobenhausen. Da gibt es zum Beispiel in dem alten Gemäuer eine Nachbildung eines Spargelackers mit den entsprechenden Gerätschaften im Einsatz, die im Außenbereich eine Fortsetzung findet mit drei lebensgroßen Stahlpferden, die einen Spargelspezialpflug ziehen. So wird ein lebensnaher Eindruck der vorindustriellen Arbeitsweise eines Spargelbauers vermittelt. Im ersten Stock sieht der Besucher unter anderem eine Sammlung von alten Spargelgeschirren wie Deckeldosen aus Porzellan, wie Spargel geformt und alte Spargelzangen von der Silberwarenmanufaktur Christofle aus Paris. In einem weiteren Stockwerk befindet sich »Spargelkunst«, wunderschöne Stilleben, alte Schriften und Stiche. Aber auch Reproduktionen moderner Spargeldarstellungen sind zu bewundern wie zum Beispiel von Max Slevogt und Karl Schuch.

Europäisches Spargelmuseum Schrobenhausen
Am Hofgraben 3
86529 Schrobenhausen
Tel. 0 82 52 / 9 00

Das **Spargelmuseum Beelitz** würdigt den Spargel als Quelle und Gegenstand der Gaumenfreuden, des Erwerbs und auch der Kunst.

Es informiert über die Botanik der Pflanze, die Technologie und die Geschichte des Beelitzer Spargelanbaus, Aspekte der allgemeinen Kultur- und Kunstgeschichte, der Heilkunde in Verbindung mit Spargel und über die Lebensweise der mit dem Spargel verbundenen Menschen.

In der Gegend um Beelitz, dem größten Spargelgebiet in Brandenburg, wird heute auf fast 400 ha Spargel angebaut; zum Vergleich: 1910 wurde von etwa 150 Spargelbauern eine Fläche von etwa 250 ha bearbeitet. Damals wurde der Spargel jeden Abend gegen sechs Uhr von den Lastwagen der Berliner Zentralmarkthalle abgeholt. Umschlagplatz war unter anderem der Beelitzer Lustgarten. Überschüsse des Spargels wurden per Luftfracht nach Schweden, Dänemark und Norwegen verschickt!

Zehn Jahre später war die Region mit über 630 ha Anbaufläche das unbestrittene märkische Spargelzentrum. Der zweite Weltkrieg und seine vielfältigen »Nachwirkungen« verringerten den Anbau dramatisch, 1990 gab es noch ganze 10 ha Spargelfelder. Kurz darauf gründete eine Hand voll Spargelbauern zur Wiederbelebung der Tradition den Verein »Beelitzer Spargel e.V.« Dieser Verein umfasst heute etwa 15 Betriebe, die mit vereinten Kräften mit dem Spargelmuseum Beelitz das einzige Museum für Spargel im norddeutschen Raum aufbauten. Das hätte sich der Glasermeister und »Ackerbürger« Karl Friedrich Wilhelm Herrmann nicht träumen lassen, als er 1861 den ersten Spargel in Beelitz feldmäßig anbaute und damit die Beelitzer Spargeltradition begründete!

Ein Besuch im Spargelmuseum Beelitz ist unter anderem auch deshalb lohnend, weil die Werkzeuge und Geschirre rund um den Spargel sich teilweise ziemlich unterscheiden von denen, die im Schrobenhausener Museum gezeigt werden. Außerdem locken in der Nähe von Beelitz natürlich die quirlige Hauptstadt Berlin und das wunderschöne Potsdam.

Spargelmuseum Beelitz
Kietz 36
14547 Schlunkendorf
Tel. und Fax 03 32 04 / 4 21 12

Aller guten Dinge sind drei!

Eine gute Nachricht aus Niedersachsen, wo um Nienburg/Diepholz, bei Burgdorf nördlich von Hannover und in der Region um Braunschweig größere Spargelanbaugebiete zu finden sind.

»Die Geschichte des niedersächsischen Spargels sei noch nicht geschrieben, aber es gelte als sicher, dass sich von Braunschweig aus diese Pflanze stark verbreitet habe«, so ein Sprecher des Museums Nienburg. Jedenfalls wird alles getan, um auch dort dem Spargel zu seinem Recht zu verhelfen und ihn in einem Museum zu ehren!

Viele Gerätschaften warten bereits darauf, geputzt und gepflegt zu werden, stehen noch in Garagen und Schuppen oder bei befreundeten Spargelbauern in der Umgebung.

Die Stadt Nienburg feiert alljährlich mitten in der Spargelsaison im Mai einen Spargelmarkt rund um das Rathaus in der Nienburger Altstadt. Welchen besseren Grund gäbe es dort hinzufahren, mitzufeiern – und sicherlich manch leckeres Spargelgericht in einem der umliegenden Gasthäuser und Restaurants zu genießen – und nachzufragen, wie es denn nun mit dem Spargelmuseum aussieht!

Museum Nienburg
Leinstraße 48
31582 Nienburg
Tel. 0 50 21 / 1 24 61
Fax 0 50 21 / 6 23 77

In den traditionellen Spargelanbaugebieten gibt es in der Erntezeit viele Veranstaltungen rund um das königliche Gemüse. Es lohnt sich, einmal in den Regionen nachzuforschen. Oft wird nicht nur kulinarisch, sondern auch kulturell einiges geboten.

Die Autorin

Astrid Poensgen-Heinrich bekochte sieben Jahre lang ihre Gäste im vegetarischen Vollwertrestaurant »Astrid« in Offenbach. Später gab sie ihre Erfahrungen als Redakteurin der Zeitschrift »vegetarisch fit!« weiter.

Heute ist sie als freie Journalistin tätig und beschäftigt sich vor allem mit Gesundheits- und Ernährungsthemen. Daneben hält sie Vorträge über gesundheitlich relevante Themen und arbeitet als Therapeutin für Ganzheitliche Massage.

Von ihr ist im pala-verlag 2002 der Titel *Köstliche Kartoffelküche* erschienen, weitere Bücher sind in Planung.

Die Illustratorin

Renate Alf, Jahrgang 1956, machte eine Ausbildung als Lehrerin für Biologie und Französisch. Seit 1983 ist sie als Cartoonistin tätig und durch ihre Bücher sowie durch regelmäßig erscheinende Cartoons in vielen Tageszeitungen und Zeitschriften einem breiten Publikum bekannt.

Sie hat vier Kinder und lebt mit ihrer Famile in Freiburg.

Im pala-verlag sind die Titel *Vollwert-Naschereien, Zucchini, Vegetarisch grillen, Köstliche Kürbis-Küche, Das Buch vom guten Pfannkuchen* sowie *Alles Tomate!* mit Illustrationen von Renate Alf erschienen.

Im Herder Verlag (Freiburg) sind von ihr lieferbar: *Cartoons für Erzieherinnen* (1997), *Neue Cartoons für Erzieherinnen* (1998) sowie *Die besten Cartoons aus dem Erziehungsalltag* (Herbst 2003).
Bei Lappan (Oldenburg) erscheint *Auf die Plätze – vierzig – los!* (März 2003).

Rezeptindex

Köstliche Kartoffelküche

»Rin´ in die Kartoffeln« – denn sie sind schon pur ein Genuss und die Basis vieler Klassiker wie Knödel, Gratin, Püree oder Kartoffelsalat. Mit der richtigen Sorte, etwas Basiswissen und erprobten Rezepten zaubern Sie aus den schlichten Erdäpfeln immer wieder neue Köstlichkeiten auf den Tisch.

Versuchen Sie es doch einmal mit exotischen Zutaten wie Kokosmilch und Kochbananen oder backen Sie einen Schokoladen-Kartoffelkuchen. Sie werden staunen, was aus Kartoffeln alles werden kann.

Tipps aus der Profiküche der Autorin zu Einkauf, Lagerung und Zubereitung sorgen für gutes Gelingen.

Astrid Poensgen-Heinrich:
Köstliche Kartoffelküche
ISBN: 3-89566-181-1

Vollwert-Bücher mit Cartoons von Renate Alf

Klaus Weber:
Das Buch vom guten Pfannkuchen
ISBN: 3-89566-151-1

Irmela Erckenbrecht:
Zucchini
ISBN: 3-89566-131-7

Jutta Grimm:
Vegetarisch grillen
ISBN: 3-89566-140-6

Claudia Schmidt:
Alles Tomate!
ISBN: 3-89566-152-X

ISBN: 3-89566-185-6
© 2003: pala-verlag,
Rheinstr. 37, 64283 Darmstadt
www.pala-verlag.de
Alle Rechte vorbehalten
Illustrationen und Umschlaggestaltung: Renate Alf
Lektorat: Barbara Reis
Druck: fgb • freiburger graphische betriebe
www.fgb.de
Dieses Buch ist auf Papier aus 100 % Recyclingmaterial gedruckt.